水木教育、捷径学校联合组织编写

中国科学技术大学创新班

数学真题解析

林群杰　编著

哈爾濱工業大學出版社
HARBIN INSTITUTE OF TECHNOLOGY PRESS

内 容 简 介

本书是由水木教育考试研究院通过多渠道整理中国科学技术大学少年班“创新试点班”的历年初试数学真题汇编而成的，并给出了对应的详细解析。读者可通过本书初步了解中国科学技术大学创新班校考初试的命题内容、风格，以便把握大概的备考方向。

本书可为广大高中教师指导学生备考笔试提供强大助力，也适合有志于报考中国科学技术大学创新班的优秀的高一、高二学生，及学有余力、希望提升课外解题能力的学生参考使用。

图书在版编目(CIP)数据

中国科学技术大学创新班数学真题解析/林群杰编著. —哈尔滨:哈尔滨工业大学出版社,2022.3(2025.5 重印)
ISBN 978-7-5603-9916-4

Ⅰ.①中… Ⅱ.①林… Ⅲ.①中学数学课-高中-升学参考资料 Ⅳ.G634.603

中国版本图书馆 CIP 数据核字(2022)第 005077 号

策划编辑 刘培杰 张永芹
责任编辑 张永芹 李 欣 李兰静
封面设计 孙茵艾
出版发行 哈尔滨工业大学出版社
社 址 哈尔滨市南岗区复华四道街 10 号 邮编 150006
传 真 0451-86414749
网 址 http://hitpress.hit.edu.cn
印 刷 哈尔滨起源印务有限公司
开 本 787 mm×1 092 mm 1/16 印张 11.25 字数 268 千字
版 次 2022 年 3 月第 1 版 2025 年 5 月第 4 次印刷
书 号 ISBN 978-7-5603-9916-4
定 价 48.00 元

前　　言

1978 年 3 月，在著名物理学家、诺贝尔物理奖获得者李政道教授的大力倡导和热心支持下，在邓小平等党和国家领导人的支持和推动下，中国科学技术大学创建了少年班，主要招收尚未完成常规中学教育，但成绩优异的青少年接受大学教育，培养在科学技术等领域出类拔萃的优秀人才，推动中国科技、教育和经济建设事业的发展。

少年班自创立以来，坚持从“破格选拔，因材施教”的教育理念出发，不断探索和改善教学管理模式，倾力保证少年班教学和管理的开展。四十多年来的经验积累，凝练成了“因材施教”“教学相长”“基础与创新并重”的办学理念和重基础、轻专业，注重基础“宽、厚、实”，专业“精、新、活”的宽口径个性化培养模式，给国家和社会输送了大量人才，也吸引了大批优秀高中生的注意。

对比中国科学技术大学强基计划，中国科学技术大学创新试点班有三点明显的不同。首先是初审依据的不同。强基计划针对高三学生，一般高考成绩不错的考生都可以通过初审；而中国科学技术大学创新班针对优秀的高一、高二学生，可提前录取至大学学习。其次是考核录取机制的不同。强基计划将考生的高考成绩（不低于 85%）、高校综合考核结果和综合素质评价等折算成综合成绩，按从高到低的顺序录取；而中国科学技术大学创新班通过提前高考结合校考成绩来划分档线的方式录取，最低可降至一本线，对于数理基础优异但综合成绩不太突出的学生来说，实在是一个考入名校的机会点。最后是政策宗旨的不同。强基计划的宗旨是选拔“有志于服务国家重大战略需求且综合素质优秀和基础学科拔尖的学生”，因此分配的招生专业相对集中；而创新班的学生某种程度上和普通高考生类似，录取后遵循少年班的培养模式，可在第二年选择自己感兴趣的专业。创新班与强基计划类似，都是重点考查学生的数学学科水平和物理学科水平，难度和范围也都高于高考而又不局限于高考，这也凸显了难度在高考以上甚至部分超离考纲的校考初试的重要性。本书以翔实的历年真题及解析，为广大高中教师指导学生备考笔试提供强大助力，也适合有志于报考中国科学技术大学创新班的优秀的高一、高二学生，及学有余力、希望提升课外解题能力的学生参考使用。由于成书时间仓促，书中难免存在疏漏之处，恳请广大读者指正。

本书的试题收集和解答工作离不开卞涛老师、林健老师、桑蒙老师、吴文婷老师的辛勤付出，在此特别鸣谢。

编者

2022 年 3 月 22 日

目录

2025 年中国科学技术大学少年班与创新班数学试题(科学营)

一、已知$\frac{x^2}{9}+y^2=1$与$xy=t$有四个交点.

(1)求t的范围.

(2)求$S(t)$(由交点形成的四边形的面积).

二、$x^4+x^3-7x-a=0$在$(0,+\infty)$上有唯一根,求a的范围.

三、$a_0,a_1>0,a_{2n}=\frac{1+a_{2n-1}}{a_{2n-2}},a_{2n+1}=\frac{1+a_{2n}^2}{a_{2n-1}}$,证明:$\{a_n\}$是周期数列.

四、定义函数$f(n)=k$,其中k为使$3^k|n$的最大正整数.证明:$\forall n\in\mathbf{N}^*$, $f(4^n-1)=f(n)+1$.

五、有n个盒子和编号为$1,2,3,\cdots,n$的球,按此顺序放球,1号球不放在第1个盒子,若第k个盒子空,则k号球放在第k个盒子,若不空,则剩下的盒子随机放,求$P(X_n=n)$(条件,1号球不放在第1个盒子).

2025 年中国科学技术大学少年班与创新班数学试题(科学营)解析

一、**解析** (1)当 $t=0$ 时,$x=0$ 或 $y=0$,显然$\frac{x^2}{9}+y^2=1$ 与 $xy=t$ 有四个交点,即$\frac{x^2}{9}+y^2=1$与坐标轴的交点.

当 $t\neq 0$ 时

$$\frac{x^2}{9}+\frac{t^2}{x^2}=1\Leftrightarrow\frac{1}{9}x^4-x^2+t^2=0$$

令 $k=x^2>0$,则$\frac{1}{9}k^2-k+t^2=0$,可得

$$k_1+k_2=9,k_1k_2=9t^2>0$$

所以 k_1,k_2 均大于0.

因为$\frac{x^2}{9}+y^2=1$ 与 $xy=t$ 有四个交点,所以 $k_1\neq k_2$,即 $\Delta=1-\frac{4}{9}t^2>0$,又因为 $t\neq 0$,所以解得 $t\in\left(-\frac{3}{2},0\right)\cup\left(0,\frac{3}{2}\right)$.

综上,$t\in\left(-\frac{3}{2},\frac{3}{2}\right)$.

(2)当 $t=0$ 时,四个交点分别为$(0,1)$,$(0,-1)$,$(3,0)$,$(0,-3)$. 所以 $S(t)=6$.

当 $t\neq 0$ 时,设四个交点分别为 A,B,C,D,如图 1 所示(图 1 为 $t>0$ 的情形,$t<0$ 的情形类似). 由对称性得 $ABCD$ 为平行四边形,所以

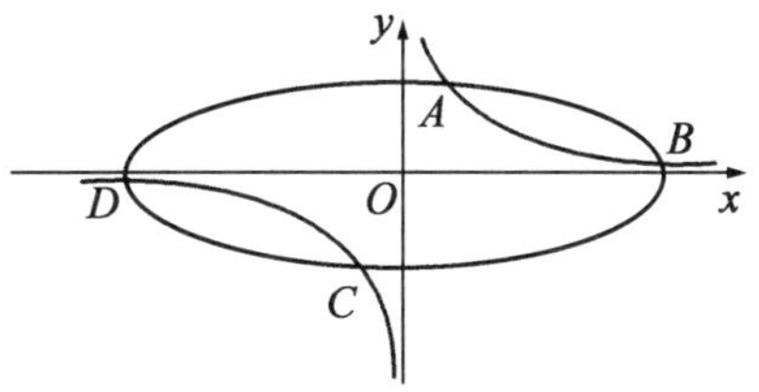

图1

$$S(t)=4S_{\triangle OAB}=2|x_Ay_B-x_By_A|=2t\left|\frac{x_A}{x_B}-\frac{x_B}{x_A}\right|=2t\left|\frac{x_A^2-x_B^2}{x_Bx_A}\right|$$

由(1)可得 x_A^2,x_B^2 应满足

$$x_A^2\cdot x_B^2=9t^2,x_A^2+x_B^2=9$$

所以$|x_A^2-x_B^2|=\sqrt{9^2-4\times 9t^2}=9\sqrt{1-\frac{4}{9}t^2}$,代入得

$$S(t)=6\sqrt{1-\frac{4}{9}t^2}$$

二、**解析** 设$f(x)=x^4+x^3-7x$,则

$$f'(x)=4x^3+3x^2-7=(x-1)(4x^2+7x+7)$$

因为当 $x>0$ 时，$4x^2+7x+7>0$，所以 $f(x)$ 在 $(0,1)$ 上单调递减，在 $(1,+\infty)$ 上单调递增.

又因为 $f(0)=0$，并且当 $x=1$ 时，$f(x)$ 取得最小值 $f(1)=-5$，当 $x\to+\infty$ 时，$f(x)\to+\infty$，$f(x)$ 的图像如图 2 所示，所以 $a\geqslant0$ 或 $a=-5$.

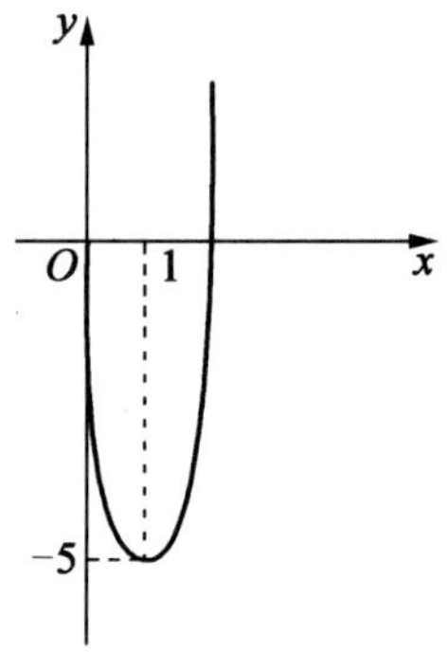

图 2

三、**解析**　由题意得

$$a_{2n}a_{2n-2}-1=a_{2n-1},a_{2n+1}a_{2n-1}=1+a_{2n}^2$$

易见 $a_n>0$.

所以 $a_{2n}=\sqrt{a_{2n+1}a_{2n-1}-1}$，所以

$$\sqrt{a_{2n+1}a_{2n-1}-1}\cdot\sqrt{a_{2n-1}a_{2n-3}-1}=1+a_{2n-1}$$
$$\Rightarrow(a_{2n+1}a_{2n-1}-1)(a_{2n-1}a_{2n-3}-1)=1+a_{2n-1}^2+2a_{2n-1}$$
$$\Rightarrow a_{2n+1}a_{2n-1}^2a_{2n-3}-a_{2n+1}a_{2n-1}-a_{2n-1}a_{2n-3}+1=1+a_{2n-1}^2+2a_{2n-1}$$
$$\Rightarrow a_{2n+1}a_{2n-1}a_{2n-3}-a_{2n+1}-a_{2n-3}=a_{2n-1}+2$$
$$\Rightarrow a_{2n+1}a_{2n-1}a_{2n-3}-2=a_{2n+1}+a_{2n-1}+a_{2n-3} \quad ①$$

所以

$$a_{2n+3}a_{2n+1}a_{2n-1}-2=a_{2n+3}+a_{2n+1}+a_{2n-1}$$

所以

$$a_{2n+3}a_{2n+1}a_{2n-1}-a_{2n+1}a_{2n-1}a_{2n-3}=a_{2n+3}-a_{2n-3}$$
$$\Rightarrow(a_{2n+1}a_{2n-1}-1)(a_{2n+3}-a_{2n-3})=0$$

注意到 $a_{2n+1}a_{2n-1}-1=a_{2n}^2>0$，所以 $a_{2(n+1)+1}=a_{2(n-2)+1}$.

奇数子列的周期为 $T=3$. 设 $a_1=a,a_3=b,a_5=c$，又因为 $a_{2n}=\sqrt{a_{2n+1}a_{2n-1}-1}$，所以

$$a_2=\sqrt{ab-1},a_4=\sqrt{bc-1},a_6=\sqrt{ca-1},a_8=\sqrt{ab-1}$$

而

$$a_2a_0=1+a\Rightarrow a_0=\frac{a+1}{\sqrt{ab-1}}$$

往证数列 $\{a_n\}$ 的周期为 6，所以

$$a_0=a_6\Leftrightarrow a^2+2a+1=(ab-1)(ac-1)\Leftrightarrow a+2=abc-b-c$$

与式①相等，所以数列 $\{a_n\}$ 是周期的.

四、**解析**　证法 1：由 LTE 引理得 $f(n)=v_3(n)$，所以

$$f(4^n-1)=v_3(4^n-1)$$

又因为 $3\mid(4^n-1)$ 且为奇素数，所以

$$v_3(4^n-1)=v_3(n)+v_3(4-1)=v_3(n)+1=f(n)+1$$

证法 2：记 $n=3^k\cdot l,(l,3)=1$. 考虑

$$4^n-1=\sum_{i=0}^{n}C_n^i3^i-1=\sum_{i=1}^{n}C_n^i3^i$$

当 $i=1$ 时，$f(3\cdot n)=k+1$.

注意到，若 $f(m)>f(n)$，则 $f(m+n)=f(n)$；若 $f(m)=f(n)$，则 $f(m+n)\geqslant f(m)$，$f(mn)=f(m)+f(n)$.

当 $i\geqslant 2$ 时

$$f(3^iC_n^i)=i+f(C_n^i)=i+f\left(\frac{n}{i}C_n^i\right)+i\geqslant i+f(n)-f(i)$$

设 $i=3^t\cdot s$，则

$$f(i)=t=\log_3\frac{i}{s}\leqslant\log_3 i<\ln i\leqslant i-1$$

所以 $i\geqslant f(i)+2$. 所以

$$f(3^iC_n^i)\geqslant f(n)=k+2$$

所以

$$f(4^n-1)=f\left(\sum_{i=1}^{n}C_n^i3^i\right)=f(3\cdot n)=k+1=f(n)+1$$

五、**解析** 不妨先考虑 1 号球可以放在第 1 个盒子时的概率 P'.

考虑 1 号球放在第 k 个盒子 $(2\leqslant k\leqslant n-1)$ 的概率为 $\left(1-\frac{2}{n}\right)$.

设共 r 个球时所求概率为 P'_r，则 $P'_1=1$，$P'_2=\frac{1}{2}$.

将 $2,\cdots,k-1$ 号球均顺次放入第 $2,\cdots,k-1$ 个盒子，到了 k 号球时，本质上问题变为 $(n-k+1)$ 个球的情况(因为此时 k 号球可能放入第 1 个盒子或后面的盒子)，所以

$$P'_n=\frac{1}{n}\sum_{k=2}^{n-1}P'_k+\frac{1}{n}$$

$$\Rightarrow nP'_n-1=\sum_{k=2}^{n-1}P'_k$$

$$\Rightarrow(n+1)P'_{n+1}=\sum_{k=2}^{n}P'_k=P'_n+nP_n-1$$

$$\Rightarrow P'_{n+1}=P_n=\frac{1}{2}$$

重新看回 $P(X_n=n)$，有

$$P_n=\frac{1}{n-1}\sum_{k=2}^{n-1}P'_k=\frac{n-2}{2(n-1)}$$

2025 年中国科学技术大学少年班及创新班数学试题(入围考)

1. 直线 $y=kx+1$ 与圆 $x^2-2x+y^2-3=0$ 交于 A,B 两点,$AB=4$,则 $k=$________.

2. 半径为 13 的球上有三点 A,B,C,$AB=6$,$BC=8$,$AC=10$,则球心到平面 ABC 的距离为________.

3. $f(x)=ax^2-\ln x$ 在 $(1,2)$ 上不单调,a 的范围是________.

4. 复平面上,z,z^2,z^3 分别对应 A,B,C 三点,若 $AB\perp BC$,则所有满足条件的 z 为________.

5. $\sum\limits_{k=1}^{40\,000}\dfrac{1}{\sqrt{k}}$ 的整数部分为________.

6. $\log_{\frac{1}{a}}(\sqrt{x^2+ax+5}+1)\cdot\log_5(x^2+ax+6)+\log_a 3=0$ 有实数解,a 的范围是________.

7. $\sqrt{x^2+6x+13}-\sqrt{x^2+4x+13}$ 的范围是________.

8. a_n 为奇数时,$a_{n+1}=3a_n+1$;a_n 为偶数时 $a_{n+1}=\dfrac{a_n}{2}$. 已知 $a_1+a_2+a_3=1\,981$,则 $a_1=$________.(提示:$1981\equiv5\pmod 8$)

9. 已知点 $P(x(t),y(t))$,$x(t)=4\cos\left(t-\dfrac{\pi}{6}\right)$,$y(t)=3\cos\left(t+\dfrac{\pi}{3}\right)$,$t\in\left[0,\dfrac{\pi}{3}\right]$,则点 P 到原点的距离的最大值与最小值之和为________.

10. $A=\{1,2,3,4,5\}$,有一个 A 的映射 $f(x)$,已知所有 x 属于 A,$f(f(x))=1$,求映射 $f(x)$ 有________种.

11. m,n 为正整数,$m^2-n^2=2\,025$,记所有 (m,n) 的个数为 M;$x^2+y^2=2\,025$,记所有 (x,y) 的个数为 N,则 $M-N=$________.

12. $f(x)=(x^2-4)(x^2-1)$,$g(t)$ 为 $f(x)$ 在 $x\in[t,t+1]$ 上的最大值,则当 $-2\leqslant t\leqslant2$ 时,$g(t)$ 的最大值与最小值的差为________.

13. 掷一枚六面骰子,在掷出奇数点之前,所有偶数点至少掷出一次的概率为________.

14. $AB=3$,$AC=5$,若存在 $\beta(\beta\neq0)$,使得对于 $\triangle ABC$ 的外心 O 有 $\overrightarrow{AO}=\beta\overrightarrow{AB}+\left(\dfrac{1}{2}-\dfrac{\beta}{5}\right)\overrightarrow{AC}$,则 $S_{\triangle ABC}=$________.

15. 命题“对于任意的自然数 n,存在 $x_n\in\mathbf{R}$,使得 $|f(x_n)|>n$”的否定为________.

16. 四棱锥 $P-ABCD$ 的体积为 1,$AD/\!/BC$,$AD=2BC$,E 为 PD 中点,平面 EAB 与 PC 交

于 F,则 $V_{F-BCA}=$________.

17. 正实数 a,b,c 满足 $a^2+b^2+c^2=1$,n 为正整数. 求证:$\frac{a}{n+1-a^n}+\frac{b}{n+1-b^n}+\frac{c}{n+1-c^n}>\frac{1}{n}$.

18. 盒子里有 a 个白球,b 个黑球,每次拿一个球后,放回 $c+1$ 个与该球同色的球. 问:

(1)第 n 次拿白球的概率.

(2)若 $k<n$,第 k 次拿了白球后,求第 n 次拿到白球的概率.

2025年中国科学技术大学少年班及创新班数学试题(入围考)解析

1. **解析**　将圆的方程式化为标准式$(x-1)^2+y^2=4$,故圆心为$(1,0)$,半径$r=2$.

又因为$AB=4=2r$为直径,所以直线AB过圆心$(1,0)$,代入可解得$k=-1$.

2. **解析**　设$\triangle ABC$外接圆的圆心为O,半径为r,球的球心为O_1.

因为$AB^2+BC^2=AC^2$,所以AC为$\triangle ABC$外接圆的直径,故$2r=10$,解得$r=5$.

又因为球的半径$R=13$,所以球心到平面ABC的距离为

$$d=OO_1=\sqrt{R^2-r^2}=12$$

3. **解析**　由题意得$f'(x)=2ax-\dfrac{1}{x}$.

因为$f(x)$在$(1,2)$上不单调,所以$f'(x)$在$(1,2)$上变号,则$a>0$,否则$f'(x)$恒为负.

又因为$f''(x)=2a+\dfrac{1}{x^2}>0$,所以$f'(x)$单调递增,所以只要$f'(1)\cdot f'(2)<0$即可,即

$(2a-1)\left(4a-\dfrac{1}{2}\right)<0$,解得$a\in\left(\dfrac{1}{8},\dfrac{1}{2}\right)$.

4. **解析**　设$z=r\mathrm{e}^{\mathrm{i}\theta}$,则$z^2=r^2\mathrm{e}^{\mathrm{i}2\theta}$,$z^3=r^3\mathrm{e}^{\mathrm{i}3\theta}$.

由题意得$\overrightarrow{AB}=z^2-z$,$\overrightarrow{BC}=z^3-z^2$. 因为$\overrightarrow{AB}$与$\overrightarrow{BC}$垂直,所以

$$\mathrm{Re}\left(\frac{z^3-z^2}{z^2-z}\right)=0\Rightarrow \mathrm{Re}(z)=0$$

所以$z=a\mathrm{i}(a\in\mathbf{R},a\neq 0)$.

5. **解析**　使用积分估计法得

$$\int_1^n \frac{1}{\sqrt{x}}\mathrm{d}x<\sum_{k=1}^{n}\frac{1}{\sqrt{k}}<1+\int_1^n\frac{1}{\sqrt{x}}\mathrm{d}x\left(函数\ y=\frac{1}{\sqrt{x}}\ 的图像如图1所示\right)$$

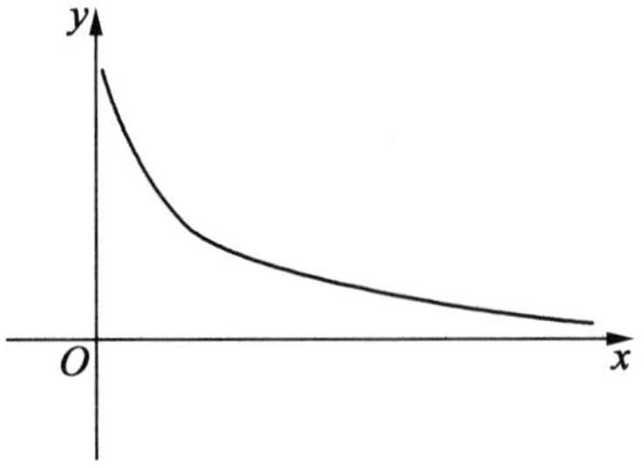

图1

所以

$$2\sqrt{x}\Big|_1^{40\,000} < \sum_{k=1}^{40\,000}\frac{1}{\sqrt{k}} < 1+2\sqrt{x}\Big|_1^{40\,000}$$

即

$$398 < \sum_{k=1}^{40\,000}\frac{1}{\sqrt{k}} < 399$$

所以$\sum\limits_{k=1}^{40\,000}\frac{1}{\sqrt{k}}$的整数部分为 398.

6. **解析** 令 $t=\sqrt{x^2+ax+5}$,则方程简化为

$$\log_5(t^2+1)[-\log_a(t+1)]+\log_a 3=0$$

$$\Rightarrow \log_5(t^2+1)=\frac{\log_a 3}{\log_a(t+1)}=\log_{t+1}3=m$$

可得

$$\begin{cases}3=(t+1)^m\\ t^2+1=5^m\end{cases} \quad ①$$

下证式①只有解 $t=2,m=1$.

若 $t>2$,由于 $3=(t+1)^m$,则 $m<1$. 而$5^m<5<t^2+1$,矛盾.

同理,若 $t<2$,则 $m>1$. 而$5^m>5>t^2+1$,矛盾.

综上所述,$t=2,m=1$. 所以$\sqrt{x^2+ax+5}=2$有解,即$x^2+ax+1=0$有解,所以$\Delta=a^2-4\geqslant 0$,解得 $a\in(-\infty,-2]\cup[2,+\infty)$.

又因为 $\log_{\frac{1}{a}}$,$\log_a$ 有意义,所以 $a\in[2,+\infty)$.

7. **解析** 本题的几何意义为点 $A(x,0)$ 到点 $B(-2,3)$ 和点 $C(-3,2)$ 的距离之差,点 A,B,C 的位置如图 2 所示,所以 $AC-AB\geqslant -\sqrt{2}$.

当 $x\to+\infty$ 时,$AC-AB>1$(这里是利用单调性得到的).

综上所述,$\sqrt{x^2+6x+13}-\sqrt{x^2+4x+13}$ 的范围为 $[-\sqrt{2},1)$.

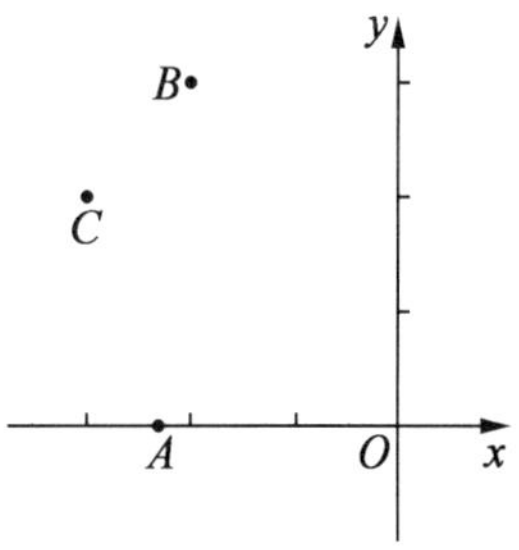

图 2

8. **解析** 若$a_1=8k,a_2=4k,a_3=2k$,矛盾.

若$a_1=8k+1,a_2=24k+4,a_3=12k+2$,则

$$a_1+a_2+a_3=44k+7=1\,981$$

无解.

若$a_1=8k+2,a_2=4k+1,a_3=12k+4$,则

$$a_1+a_2+a_3\equiv 7 \pmod 8$$

矛盾.

若$a_1=8k+3,a_2=24k+10,a_3=12k+5$,则

$$a_1+a_2+a_3=44k+18=1\,981$$

无解.

若$a_1=8k+4, a_2=4k+2, a_3=2k+1$，则

$$a_1+a_2+a_3=14k+7=1\ 981$$

解得 $k=141$. 所以$a_1=8\times141+4=1\ 128+4=1\ 132$.

若$a_1=8k-3, a_2=24k-8, a_3=12k-4$，则

$$a_1+a_2+a_3=44k-15=1981$$

无解.

若$a_1=8k-2, a_2=4k-1, a_3=12k-2$，则

$$a_1+a_2+a_3\equiv3 \pmod 8$$

矛盾.

若$a_1=8k-1, a_2=24k-2, a_3=12k-1$，则

$$a_1+a_2+a_3=44k-4=1981$$

无解.

综上所述，$a_1=1\ 132$.

9. **解析** 令 $\theta=t-\frac{\pi}{6}$，则 $\theta\in\left[-\frac{\pi}{6},\frac{\pi}{6}\right]$.

由题意得

$$OP^2=x^2(t)+y^2(t)=4^2\cos^2\theta+3^2\cdot\sin^2\theta=9+7\cos^2\theta\in\left[\frac{57}{4},16\right]$$

所以 $OP_{\min}=\frac{\sqrt{57}}{2}$，$OP_{\max}=4$，即 $OP_{\min}+OP_{\max}=\frac{\sqrt{57}}{2}+4$.

10. **解析** 设$f(1)=a$，则$f(a)=1$，又因为$f(f(a))=f(1)=1$，所以 $a=1$.

因此映射$f(x)$有

$$1+C_4^3\cdot3+C_4^2\cdot2^2+C_4^1=1+12+24+4=41(种)$$

其中 1 表示 2,3,4,5 全映到 1；C_4^3 表示 2,3,4,5 中有 3 个映到 1，剩下的 1 个映到另外 3 个中的 1 个；C_4^2 表示 2,3,4,5 中有 2 个映射到 1，2^2 表示其余 2 个映射到前述 2 个中的任一个；C_4^1 表示 2,3,4,5 中有 1 个映射到 1，其余的 3 个映射到前述的那 1 个.

11. **解析** $2\ 025=45^2=3^4\cdot5^2$，因为

$$m^2-n^2=2\ 025\Rightarrow(m-n)(m+n)=2\ 025$$

所以 $m+n=3^i\cdot5^j$，故

$$M=\frac{(4+1)\times(2+1)-1}{2}=7$$

又因为$x^2+y^2=2\ 025$，$3\equiv3 \pmod 4$，所以由数论知识(若 P 为 $4k+3$ 型素数，则 $P|(x^2+y^2)\Rightarrow P|x, P|y$)可知$9|x, 9|y$. 设 $x=9x_1$，$y=9y_1$，则 $x_1^2+y_1^2=25$，可得$(x_1,y_1)=(3,4)$或$(4,3)$，所以 $N=2$.

因此 $M-N=5$.

12. **解析** (1)当 $1<t\leqslant2$ 时，$f(x)$在$(t,2)$内小于 0，在$[2,t+1]$上单调递增，且为正，所以

$$g(t)=f(t+1)\leqslant f(3)=5\times 8=40$$

(2)当 $0<t\leqslant 1$ 时,若 $x\in[t,1)$,则 $f(x)>0$;若 $x\in[1,t+1)$,则 $f(x)\leqslant 0$. 所以当 $t=1$ 时,$g(t)=g(1)=0$.

因为 $g(t)=f(t)$,而函数 $f(x)$ 在 $x\in[0,1]$ 上单调递减,所以此时,$g(t)=f(t)\in[0,4)$.

(3)当 $-1<t\leqslant 0$ 时,$x\in[t,t+1]$,$|x|\leqslant 1$,$f(x)\geqslant 0$,$g(t)\geqslant 0$.

(4)当 $-2\leqslant t\leqslant -1$ 时,$x\in[t,t+1]$,$f(t+1)\geqslant 0$,所以 $g(t)\geqslant 0$.

综上所述,当 $t=2$ 时,$g(t)$ 取最大值 40,当 $t=1$ 时,$g(t)$ 取最小值 0,它们的差为 40.

13. **解析** 利用容斥原理得

$$\begin{aligned}P&=\frac{1}{2}\times\frac{3^3-3\times 2^3+3}{6^3}(\text{掷四次结束})+\frac{1}{2}\times\frac{3^4-3\times 2^4+3}{6^4}(\text{掷五次结束})+\cdots\\&=\frac{1}{2}\left[\left(\frac{1}{2}\right)^3+\left(\frac{1}{2}\right)^4+\cdots\right]-\frac{3}{2}\left[\left(\frac{1}{3}\right)^3+\left(\frac{1}{3}\right)^4+\cdots\right]+\frac{3}{2}\left[\left(\frac{1}{6}\right)^3+\left(\frac{1}{6}\right)^4+\cdots\right]\\&=\frac{1}{2}\times\frac{1}{4}-\frac{3}{2}\times\frac{3}{2}\times\frac{1}{3^3}+\frac{3}{2}\times\frac{1}{6^3}\times\frac{6}{5}\\&=\frac{1}{8}-\frac{1}{12}+\frac{1}{120}\\&=\frac{1}{24}+\frac{1}{120}\\&=\frac{1}{20}\end{aligned}$$

14. **解析** 由题意得

$$\overrightarrow{AO}\cdot\overrightarrow{AB}=\frac{1}{2}\overrightarrow{AB}^2=\beta\overrightarrow{AB}^2+\left(\frac{1}{2}-\frac{\beta}{5}\right)\cdot\overrightarrow{AB}\cdot\overrightarrow{AC}$$

$$\overrightarrow{AO}\cdot\overrightarrow{AC}=\frac{1}{2}\overrightarrow{AC}^2=\left(\frac{1}{2}-\frac{\beta}{5}\right)\overrightarrow{AC}^2+\beta\overrightarrow{AB}\cdot\overrightarrow{AC}$$

代入已知条件并联立,记 $\overrightarrow{AB}\cdot\overrightarrow{AC}=t$,得

$$\begin{cases}\left(1-\dfrac{2\beta}{5}\right)t+18\beta=9\\2\beta t+25\left(1-\dfrac{2}{5}\beta\right)=25\end{cases}$$

解得 $t=5$,即

$$5=\overrightarrow{AC}\cdot\overrightarrow{AB}=|\overrightarrow{AB}||\overrightarrow{AC}|\cos\angle BAC=3\times 5\times\cos\angle BAC$$

解得 $\cos\angle BAC=\dfrac{1}{3}$,所以 $\sin\angle BAC=\dfrac{2\sqrt{2}}{3}$,所以 $S=\dfrac{1}{2}|AB|\cdot|AC|\cdot\sin\angle BAC=5\sqrt{2}$.

15. **解析** 因为全称命题的否定是特称命题,所以本题答案为"存在自然数 n,对任意的 $x_n\in\mathbf{R}$,都有 $|f(x_n)|\leqslant n$".

16. **解析** 如图 3 所示,设 $AC\cap BD=M$. 因为 $AD/\!/BC$,且 $AD=2BC$,所以

$$\frac{BM}{DM}=\frac{CM}{AM}=\frac{1}{2}$$

设 $PM\cap BE=N$，截面$\triangle PBD$ 如图 4 所示. 由梅氏定理得

$$\frac{MN}{PN}=\frac{1}{3}$$

截面$\triangle PCA$ 如图 5 所示. 因为点 A,N,F 共线，且$\frac{CF}{PF}=\frac{1}{3}\times\frac{3}{2}=\frac{1}{2}$，所以

$$\frac{CF}{PC}=\frac{1}{3}$$

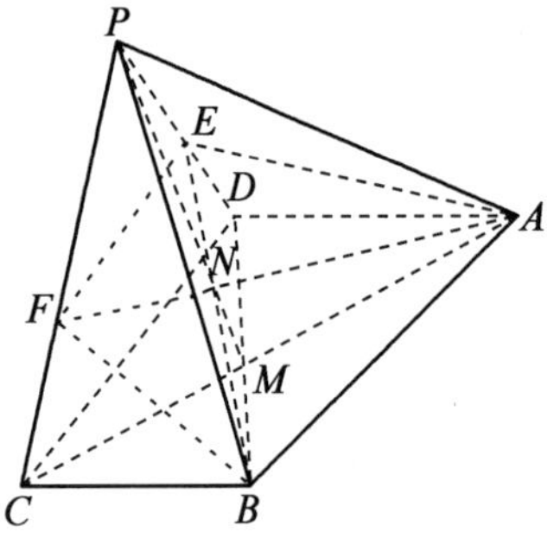

图 3

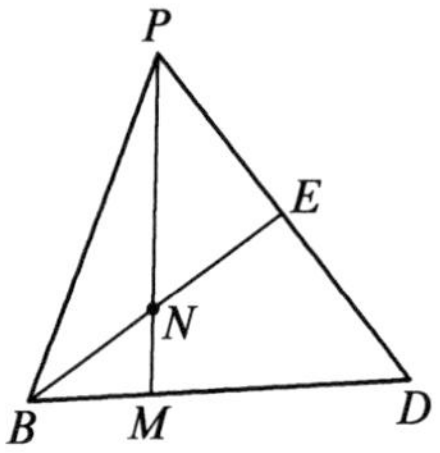

图 4

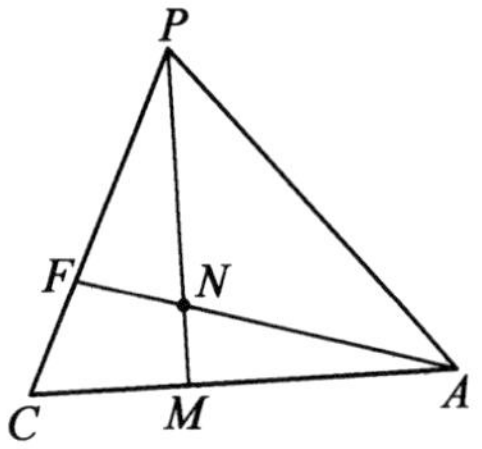

图 5

又因为

$$\frac{S_{\triangle ABC}}{S_{ABCD}}=\frac{1}{3}$$

所以 $V_{F-BCA}=\frac{1}{9}$.

17. **解析** 先证局部不等式$\frac{a}{n+1-a^n}\geqslant\frac{a^2}{n}$.

由$(n+1-a^n)\cdot a\leqslant n$，得$\frac{n}{a}+a^n\geqslant n+1$，再由 $n+1$ 元均值可得

$$\text{原式}\geqslant\frac{a^2}{n}+\frac{b^2}{n}+\frac{c^2}{n}=\frac{1}{n}$$

又因为不能同时取等，所以大于号成立.

18. **解析** 本题为波利亚罐子模型，其内容是：

开始时，罐中有 a 个白球和 b 个黑球，每次从中取出 1 个球后放回罐内，同时再放入 c 个同色球.

正是这种多放入若干个同色球的规定，使其具有自增强效应，因而可以粗略地用来描绘传染病的流行规律，在医学上获得应用，并且也可以用来描绘社会上的“富者愈富”现象. 有关这个模型的概率性质的研究也因此得到概率学界的重视.

现在来介绍一下波利亚罐子模型的几个最基本的概率性质.

如果一共取了 m 次球，其中在第 $1\leqslant j_1<j_2<\cdots<j_l\leqslant m$ 次取球时取出的是白球，其他时候取出的是黑球. 求这一事件的发生概率.

我们以 A_i 表示第 i 次取球时取出的是白球的事件,那么 $\overline{A_i}$ 当然就是第 i 次取球时取出的是黑球的事件.

我们要求的概率就是

$$P\left(\bigcap_{j\in\{j_1,j_2,\cdots,j_l\}} A_j \bigcap_{i\notin\{j_1,j_2,\cdots,j_l\}} \overline{A_i}\right)$$

由于每取出一次白球,罐中就增加 c 个白球,而每取出一次黑球,罐中就增加 c 个黑球,所以所求的概率值就是

$$\frac{\prod_{j=0}^{l-1}(a+jc)\prod_{i=0}^{m-l-1}(b+ic)}{\prod_{k=0}^{m-1}(a+b+kc)} \quad ①$$

值得关注的是,式①中的概率与集合 $\{j_1,j_2,\cdots,j_l\}$ 中的具体元素无关,而只与其中的元素个数有关,这就反映出波利亚罐子模型的一个主要性质.

性质 1:在波利亚罐子模型中,只要取出的白球和黑球的数目给定,那么发生的概率就给定了,特别地,如果一共取了 m 次球,其中有 l 次取出的是白球,那么该事件发生的概率就由式①所给出. 换言之,对任何 $1\leqslant j_1<j_2<\cdots<j_l\leqslant m$,我们都有

$$P\left(\bigcap_{j\in\{j_1,j_2,\cdots,j_l\}} A_j \bigcap_{i\notin\{j_1,j_2,\cdots,j_l\}} \overline{A_i}\right)=P\left(\bigcap_{j=1}^{l} A_j \bigcap_{i=l+1}^{m} \overline{A_i}\right) \quad ②$$

性质 2:在波利亚罐子模型中,任何一次取球时,取出白球的概率都是 $\frac{a}{a+b}$.

这一性质乍一看来似乎与模型的自增强效应不相符合,其实不然,它是对所有情况综合考虑的结果(体现在证明过程中的求和运算上).

我们也可以用归纳法来证明性质 2.

首先,由

$$P(A_1A_2)=\frac{a(a+c)}{(a+b)(a+b+c)},P(\overline{A}_1A_2)=\frac{ba}{(a+b)(a+b+c)}$$

得

$$P(A_2)=P(A_1A_2)+P(\overline{A}_1A_2)=\frac{a(a+c)+ab}{(a+b)(a+b+c)}=\frac{a}{a+b}$$

由此可知结论对 $n=2$ 成立.

假设结论已经对 $n=k-1$ 成立,要证它对 $n=k$ 成立. 假设已经做过第一次取球了,我们来考察 A_k 的发生概率. 如果第一次取出的是白球,即 A_1 发生,那么此时罐中有 $a+c$ 个白球和 b 个黑球. 从这个罐子中连续抽 $k-1$ 次球,那么根据归纳假设,最后一次取出的球是白球的概率等于 $a+c$ 与总球数之比,即有

$$P(A_k|A_1)=\frac{a+c}{a+b+c}$$

同理可知

$$P(A_k|\overline{A}_1)=\frac{a}{a+b+c}$$

于是,由全概率公式得

$$\begin{aligned}P(A_k)&=P(A_1)P(A_k|A_1)+P(\overline{A}_1)P(A_k|\overline{A}_1)\\&=\frac{a}{a+b}\cdot\frac{a+c}{a+b+c}+\frac{b}{a+b}\cdot\frac{a}{a+b+c}\\&=\frac{a}{a+b}\end{aligned}$$

下面我们来讨论对于 $1\leqslant k<n$,在第 k 次和第 n 次取球时,取出的都是白球的概率.

用 C_i 表示第 i 次取球的结果,$i\neq k,n$. 根据性质 1,知

$$P(C_1\cdots C_{k-1}A_kC_{k+1}\cdots C_{n-1}A_n)=P(A_1A_2\widetilde{C}_3\cdots\widetilde{C}_n)$$

其中

$$\widetilde{C}_i=\begin{cases}C_{i-2}, & \text{如果 } i=3,\cdots,k+1\\ C_{i-1}, & \text{如果 } i=k+2,\cdots,n\end{cases}$$

再对 $C_1,\cdots,C_{k-1},C_{k+1},\cdots,C_{n-1}$ 的一切可能情况求和,即得

$$\begin{aligned}P(A_kA_n)&=\sum P(C_1\cdots C_{k-1}A_kC_{k+1}\cdots C_{n-1}A_n)\\&=\sum P(A_1A_2\widetilde{C}_3\cdots\widetilde{C}_n)=P(A_1A_2)\\&=\frac{a(a+c)}{(a+b)(a+b+c)}\end{aligned}$$

这个结论也同样引起人们的关注,所以往往把它列为波利亚罐子模型的主要性质.

性质 3:在波利亚罐子模型中,对任何 $1\leqslant k<n$,在第 k 次和第 n 次取球时,取出的都是白球的概率是 $\frac{a(a+c)}{(a+b)(a+b+c)}$.

利用上述性质可以轻松地解答本题.

(1) 我们要求的是概率 $P(A_n)$.

为此,我们用 C_i 表示第 i 次取球的结果. 那么根据性质 1,我们有

$$P(C_1\cdots C_{n-1}A_n)=P(A_1\widetilde{C}_2\cdots\widetilde{C}_n)$$

其中 $\widetilde{C}_i=C_{i-1},i=2,\cdots,n$. 从而就有

$$\begin{aligned}P(A_n)&=\sum_{C_i=A_i\text{或}\overline{A}_i,1\leqslant i\leqslant n-1}P(C_1\cdots C_{n-1}A_n)\\&=\sum_{\widetilde{C}_i=A_i\text{或}\overline{A}_i,2\leqslant i\leqslant n}P(A_1\widetilde{C}_2\cdots\widetilde{C}_n)\\&=P(A_1)\end{aligned}$$

$$= \frac{a}{a+b}$$

其中的求和号表示对前 $n-1$ 次取球的一切可能的结果求和.

(2)由性质 2 和性质 3 分别知

$$P(A_k) = \frac{a}{a+b}, P(A_k A_n) = \frac{a(a+c)}{(a+b)(a+b+c)}$$

故知

$$P(A_n \mid A_k) = \frac{P(A_k A_n)}{P(A_k)} = \frac{a+c}{a+b+c}$$

(注:本题由中国科学技术大学苏淳教授解答)

2024 年中国科学技术大学少年班及创新班数学试题(科学营)

本次考试共五道解答题,每题 20 分,共计 100 分.

一、X 是从 $\{1,2,\cdots,9\}$ 中随机抽取 3 个不同的数排列出的最大的三位数;Y 是从 $\{1,2,\cdots,8\}$ 中随机抽取 3 个不同的数排列出的最大的三位数,求 $X>Y$ 的概率.

二、$a_1=\sqrt{2x+3}$,$a_{n+1}=\sqrt{2a_n+3}$,求所有的 $x\geqslant -1$,使得 $\{a_n\}$ 中有无穷多项为正整数.

三、求所有的实数 a,使得 $|x^2+ax+2|\geqslant|x+1|$ 对 $\forall x\in\mathbf{R}$ 恒成立.

四、$f(x)$是 2 024 次多项式,$f(x^2)=f(x)f(x+2)$,求 $f(x)$.

五、$|z_1|=|z_2|=\cdots=|z_n|=1$,$z_1+z_2+\cdots+z_n=n-2+\mathrm{i}$,其中 $n\geqslant 2\,024$ 且 $n\in\mathbf{Z}$,求 $\mathrm{Re}\,(z_1)_{\min}$的值.

2024 年中国科学技术大学少年班及创新班数学试题(科学营)解析

一、解析 若 X 中含有9,则必有 $X>Y$.

根据题意得

$$P(X\text{ 中有 }9)=\frac{C_8^2}{C_9^3}=\frac{1}{3}$$

则 $P(X\text{ 中无 }9)=1-\frac{1}{3}=\frac{2}{3}$.

在 X 中无9的情况下

$$P(X=Y)=\frac{C_8^3}{C_8^3\cdot C_8^3}=\frac{1}{C_8^3}=\frac{1}{56}$$

$$P(X>Y)=P(X<Y)=\frac{1}{2}\times\left(1-\frac{1}{56}\right)=\frac{55}{112}$$

所以

$$P(X>Y)=\frac{1}{3}+\frac{2}{3}\times\frac{55}{112}=\frac{111}{168}=\frac{37}{56}.$$

二、解析 由题意可知,$a_n>0$.

若 $a_{n+1}>a_n$,则 $\sqrt{2a_{n+1}+3}>\sqrt{2a_n+3}$,即 $a_{n+2}>a_{n+1}$;

若 $a_{n+1}<a_n$,则 $\sqrt{2a_{n+1}+3}<\sqrt{2a_n+3}$,即 $a_{n+1}<a_n$.

(1)当 $x>3$ 时,可用数学归纳法证明 $a_n>3$.

因为 $a_1=\sqrt{2x+3}>3$,假设 $a_k>3$,则 $a_{k+1}=\sqrt{2a_k+3}>3$,所以可得 $a_n>3$. 因此

$$(a_n-3)(a_n+1)>0\Leftrightarrow a_n{}^2>2a_n+3$$
$$\Leftrightarrow a_n>\sqrt{2a_n+3}=a_{n+1}$$

则数列 $\{a_n\}$ 递减,不存在无穷多项为正整数.

(2)当 $-1<x<3$ 时,同(1)可用数学归纳法证得 $a_n<3$ 且数列 $\{a_n\}$ 递增,则不存在无穷多项为正整数.

(3)当 $x=-1$ 时,$a_1=1<3$,同(2)可用数学归纳法证得 $a_n<3$ 且数列 $\{a_n\}$ 递增,则不存在无穷多项为正整数.

(4)当 $x=3$ 时,数列 $\{a_n\}$ 为常数列,符合要求.

综上,当 $x=3$ 时,存在无穷多项为正整数.

三、解析 (1)若方程 $x^2+ax+2=0$ 有实数解 x_0,则

$$0=|x_0^2+ax_0+2|\geqslant|x_0+1|$$

此时 $x_0=-1$,则有

$$1+a\cdot(-1)+2=0\Rightarrow a=3$$

又因为$|x^2+3x+2|\geqslant|x+1|$在$x=-2$时不成立,所以该情形不满足题意.

(2)若方程$x^2+ax+2=0$不存在实数解,则$x^2+ax+2>0$恒成立,此时$\Delta=a^2-8<0$,解得$-2\sqrt{2}<a<2\sqrt{2}$.

在此情形原不等式等价于$x^2+ax+2\geqslant x+1$或$x^2+ax+2\geqslant -x-1$.

当$x^2+ax+2\geqslant x+1$时,有

$$x^2+(a-1)x+1\geqslant 0$$

所以

$$\Delta=(a-1)^2-4\leqslant 0$$

解得$-1\leqslant a\leqslant 3$.

当$x^2+ax+2\geqslant -x-1$时,有

$$x^2+(a+1)x+3\geqslant 0$$

所以

$$\Delta=(a+1)^2-12\leqslant 0$$

解得$-1-2\sqrt{3}\leqslant a\leqslant 2\sqrt{3}-1$.

综上所述,$-1\leqslant a\leqslant 2\sqrt{3}-1$为所求.

四、**解析** 若z_0为$f(x)=0$的一个复数根,则$f(z_0^2)=f(z_0)f(z_0+2)=0$,即$z_0^2$也为$f(x)=0$的一个复数根,那么$z_0,z_0^2,z_0^4,\cdots$均为$f(x)=0$的根.

若$|z_0|\neq 1$,则$|z_0|,|z_0^2|,|z_0^4|\cdots$均不同,则$f(x)=0$有无穷个根,矛盾.

由于$f((z_0-2)^2)=f(z_0-2)f(z_0)=0$,故$(z_0-2)^2$也是$f(x)=0$的一个根,所以$|z_0-2|=1$.

令$z_0=a+bi$,则有

$$\begin{cases}a^2+b^2=1\\(a-2)^2+b^2=1\end{cases}\Rightarrow\begin{cases}a=1\\b=0\end{cases}$$

因此$f(x)=0$仅有$x=1$一个解.

综上,$f(x)=(x-1)^{2\,024}$.

五、**解析** 令$z_1=x+yi,z_k=a_k+b_ki,k=2,3,\cdots,n$,有

$$\begin{cases}x+a_2+a_3+\cdots+a_n=n-2\\y+b_2+b_3+\cdots+b_n=1\end{cases}$$

由柯西不等式得

$$(n-1)(a_2^2+a_3^2+\cdots+a_n^2)\geqslant(a_2+\cdots+a_n)^2=(n-2-x)^2$$
$$(n-1)(b_2^2+b_3^2+\cdots+b_n^2)\geqslant(b_2+\cdots+b_n)^2=(1-y)^2$$

相加得

$$(n-1)^2\geqslant(n-2-x)^2+(1-y)^2 \quad ①$$

同时

$$x^2+y^2=1 \quad ②$$

联立式①②,解得

$$x=\frac{-2n^2+9n-10\pm\sqrt{4n-5}}{2(n^2-4n+5)}$$

所以$\mathrm{Re}\,(z_1)_{\min}=\dfrac{-2n^2+9n-10-\sqrt{4n-5}}{2(n^2-4n)+5}$.

2024 年中国科学技术大学少年班及创新班数学试题（入围考）

本次数学考试，共 18 道填空题，1 道大题，每道填空题 5 分，大题 10 分.

1. $S_1=\{a\mid a^{\frac{1}{3}}<2\}$，$S_2=\left\{a\middle|\left(\frac{1}{3}\right)^a<\frac{1}{2}\right\}$，$S_3=\left\{a\middle|\log_a\frac{2}{3}<1\right\}$，$(S_1\cap S_2)\cup S_3=$ ________.

2. $\cos x+\cos y+\cos(x+y)$ 的取值范围为________.

3. 事件 A,B 独立，且 $P(A)=P(B)$，$P(A\cup B)=0.64$，则 $P(A)=$ ________.

4. 将 8 本不同的书分给 5 个人，前 3 个人各分到 1 本，第 4 个人分到 3 本，第 5 个人分到 2 本，总分配方案数为________.

5. 甲、乙两人玩游戏，每局游戏甲获胜的概率为 P，乙获胜的概率为 $1-P$，每局游戏互相独立，若一人胜局数比另一人多 2 则获胜，则最终甲获胜的概率为________.

6. 设 $z=\mathrm{e}^{\mathrm{i}\frac{2\pi}{n}}$，$(n\geqslant 3,n\in\mathbf{N}^*)$，则 $|1-z|\cdot|1-z^2|\cdot\cdots\cdot|1-z^n|=$ ________.

7. 若 $\boldsymbol{\alpha},\boldsymbol{\beta}$ 分别为平面上的向量，$|\boldsymbol{\alpha}|=2$，$|\boldsymbol{\beta}|=3$，$\boldsymbol{\alpha},\boldsymbol{\beta}$ 的夹角为 $60°$，A 为平面内的定点，$|\overrightarrow{AP}|=|x\boldsymbol{\alpha}+y\boldsymbol{\beta}|$，$0\leqslant x\leqslant y\leqslant 1$，则点 P 的轨迹所成的图形的面积为________.

8. 设在空间中有 4 个点，$A(1,0,1)$，$B(1,1,0)$，$C(0,1,-1)$，$D(1,1,1)$，则点 D 到平面 ABC 的距离为________.

9. 一只蚂蚁从棱长为 1 的正方体的一个顶点出发，要求经过所有的棱并回到起点，求蚂蚁走的最短距离为________.

10. 若曲线 $x^2+y^2-axy+x+y+1=0$ 为双曲线，则 a 的范围为________.

11. 若 $\mathrm{e}^x>cx$ 在 $x>0$ 时恒成立，则 c 的范围为________.

12. x_1 到 x_7 分别为 22，23，30，35，40，45，50，当 $\sum\limits_{i=1}^{7}|x_i-t|$ 取最小值时 $t=$ ________.

13. $\angle A=30°$，$AB=2$，$BC=\sqrt{2}$，则 $AC=$ ________.

14. $(1+x+x^{-1})^6$ 的常数项为________.

15. 方程 $x^2+y^2=2|x|-2|y|$ 所表示的曲线围成的区域的面积为________.

16. $f(x)=\left|\sin\frac{x}{2}+\sin\frac{x}{3}+\sin\frac{x}{4}\right|$ 的最小正周期为________.

17. 下列命题为真命题的是________.

①$a\neq 0$ 是 $|a|>0$ 的充要条件.

② $\exists a\in\mathbf{Q}$，使得 $\sqrt{a^2+1}\in\mathbf{Q}$.

③$\forall a \in \mathbf{R}$, $\exists b \in \mathbf{Z}$,使得 $0 \leqslant a+b<1$.

④若 a, b 为无理数,则 ab 为无理数.

18. 某复数 $z=a+b\mathrm{i}$ 代表点 P,将$\overrightarrow{OP}$绕点 O 顺时针旋转$\dfrac{\pi}{2}$得到$\overrightarrow{OQ}$,则点 Q 的坐标为________.

19. 将一个正六面体的 8 个顶点和 6 个面的中心用 $1,2,\cdots,14$ 编号,编号不重复,试问有没有一种方案能使每个面上中心与顶点的编号之和都相等,给出证明.

2024年中国科学技术大学少年班及创新班数学试题(入围考)解析

1. **解析** 由题目可得:$S_1=(-\infty,8)$;$S_2=\left(\frac{\ln 2}{\ln 3},+\infty\right)$;$S_3=\left(0,\frac{2}{3}\right)\cup(1,+\infty)$.

又因为

$$\frac{\ln 2}{2}=\frac{\ln 4}{4}<\frac{\ln 3}{3}$$

所以

$$\frac{\ln 2}{\ln 3}<\frac{2}{3}$$

因此

$$(S_1\cap S_2)\cup S_3=(0,+\infty)$$

2. **解析** 设 $S=\cos x+\cos y+\cos(x+y)$,则

$$S=2\cos\frac{x+y}{2}\cos\frac{x-y}{2}+2\cos^2\frac{x+y}{2}-1$$

$$S\leqslant 2\cos\frac{x+y}{2}+2\cos^2\frac{x+y}{2}-1\leqslant 2+2-1=3$$

当 $x=y=0$ 时等式成立,并且

$$\begin{aligned}S&\geqslant 2\cos^2\frac{x+y}{2}-2\left|\cos\frac{x+y}{2}\right|-1\\&=2\left(\left|\cos\frac{x+y}{2}\right|-\frac{1}{2}\right)^2-\frac{3}{2}\geqslant-\frac{3}{2}\end{aligned}$$

当 $x=y=\frac{2\pi}{3}$ 时等号成立.

综上所述,S 的取值范围是 $\left[-\frac{3}{2},3\right]$.

3. **解析** 因为

$$\begin{aligned}0.64&=P(A\cup B)=P(A)+P(B)-P(AB)\\&=P(A)+P(B)-P(A)\cdot P(B)\\&=2P(A)-P^2(A)\end{aligned}$$

所以 $P(A)=0.4$.

4. 先分堆,得 $C_8^3\cdot C_5^2\cdot\frac{C_3^1\cdot C_2^1}{A_3^3}=560$.

再分组,得 $A_5^5=120$.

故分法总数为:$560\times120=67\ 200$.

5. **解析**

$$\begin{aligned} P &= P^2 + P^2[P(1-P)\times 2] + P^2[P(1-P)\times 2]^2 + \cdots \\ &= P^2[1 + 2P(1-P) + 4P^2(1-P)^2 + \cdots] \\ &= \frac{P^2}{1-2P(1-P)} = \frac{P^2}{2P^2-2P+1} \end{aligned}$$

6. **解析** 因为 $z,z^2,\cdots,z^n$ 为 $x^n-1=0$ 的 n 个不同复根,所以

$$x^n-1=(x-1)(x-z)(x-z^2)\cdots(x-z^{n-1})$$

所以

$$x^{n-1}+x^{n-2}+\cdots+x+1=(x-z)(x-z^2)\cdots(x-z^{n-1})$$

代入 $x=1$ 即可得原式的值为 n.

7. **解析** 由题意可知,点 P 的轨迹所成的图形的面积为以 $\boldsymbol{\alpha},\boldsymbol{\beta}$ 为邻边的平行四边形的面积的一半,即

$$S=\frac{1}{2}\times 2\times 3\times \sin 60^\circ=\frac{3}{2}\sqrt{3}$$

8. **解析** 因为 $\overrightarrow{AB}=(0,1,-1)$, $\overrightarrow{CB}=(1,0,1)$,所以平面 ABC 的法向量 $\boldsymbol{n}=(1,-1,-1)$,又因为 $\overrightarrow{AD}=(0,1,0)$,所以点 D 到平面 ABC 的距离为

$$\frac{|\overrightarrow{AD}\cdot\boldsymbol{n}|}{|\boldsymbol{n}|}=\frac{1}{\sqrt{3}}=\frac{\sqrt{3}}{3}$$

9. **解析** 不妨设正方体如图 1 所示.

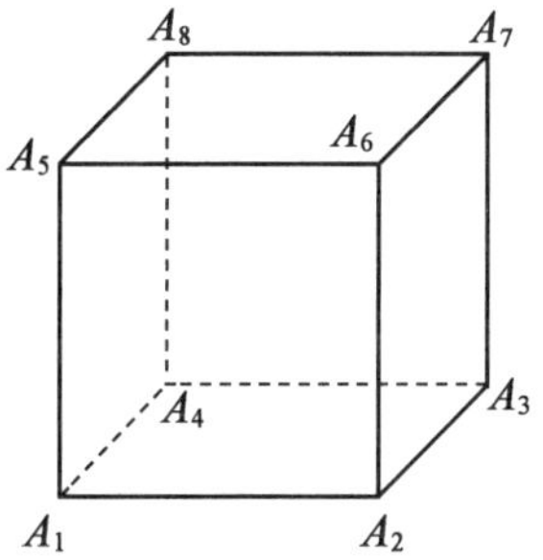

图 1

将其视为平面图形,如下:注意到每个顶点的度为 3,而在走完所有棱的要求下,对于每个顶点必然"一出对应一入",因此度至少为偶数 4,所以走过的距离最少为$\frac{4\times 8}{2}=16$,而

$$\begin{aligned} &A_1\to A_2\to A_3\to A_4\to A_8\to A_7\to A_6 \\ &\qquad\qquad\qquad\qquad\qquad\qquad\qquad\downarrow \\ &A_5\leftarrow A_6\leftarrow A_2\leftarrow A_3\leftarrow A_7\leftarrow A_8\leftarrow A_5 \\ &\downarrow \\ &A_1\to A_4\to A_1 \end{aligned}$$

恰好为 16,因此最短距离为 16.

10. **解析** 因为不变量

$$I_2=1-a^2<0\Rightarrow a\in(-\infty,-1)\cup(1,+\infty)$$

$$I_3=\begin{vmatrix}1 & -a & \frac{1}{2}\\ -a & 1 & \frac{1}{2}\\ \frac{1}{2} & \frac{1}{2} & 1\end{vmatrix}=1+\left(-\frac{1}{4}a\right)-\frac{1}{4}a-\frac{1}{4}-\frac{1}{4}-a^2$$

$$=-a^2+\frac{1}{2}-\frac{1}{2}a\neq 0$$

$$\Rightarrow a\neq\frac{1}{2},a\neq -1$$

所以 $a\in(-\infty,-1)\cup(1,+\infty)$.

11. **解析** 因为 $c<\left.\frac{e^x}{x}\right|_{\min}=\left.\frac{e^x}{x}\right|_{x=1}=e$,所以 $c\in(-\infty,e)$.

12. **解析** 因为

$$22+23+30+35=110,40+45+50=135$$

所以当 $\sum_{i=1}^{7}|x_i-t|$ 取最小值时 $t\in[35,45]$,所以

$$\begin{aligned}\sum_{i=1}^{7}|x_i-t| &\geqslant (t-22)+(t-23)+(t-30)+(t-35)+|t-40|+45-t+50-t\\ &=|t-40|+2t-15\\ &\geqslant 70-15+5=60\end{aligned}$$

故当 $t=35$ 时,$\sum_{i=1}^{7}|x_i-t|$ 取最小值.

(当 $t<35$ 和 $t>45$ 时,通过讨论可得 $\sum_{i=1}^{7}|x_i-t|>60$.)

13. **解析** 符合题意的点 C 有 2 个,即图 2 中的点 C_1,C_2.

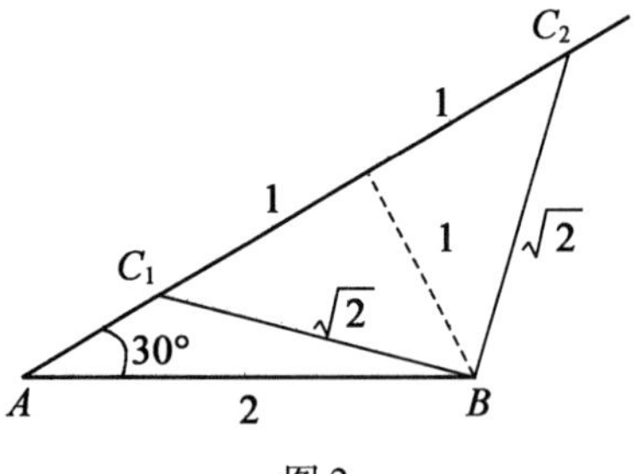

图 2

因为 $AC_1=\sqrt{3}-1,AC_2=\sqrt{3}+1$,所以 $AC=\sqrt{3}-1$ 或 $\sqrt{3}+1$.

14. **解析** 常数项为

$$\begin{aligned}&C_6^0\cdot C_6^0+C_6^1\cdot C_5^1+C_6^2\cdot C_4^2+C_6^3\cdot C_3^3\\ &=1+30+15\times 6+20=141\end{aligned}$$

15. **解析** 如图 3 所示,曲线关于 x 轴,y 轴对称,不妨设 $x>0,y>0$. 因为

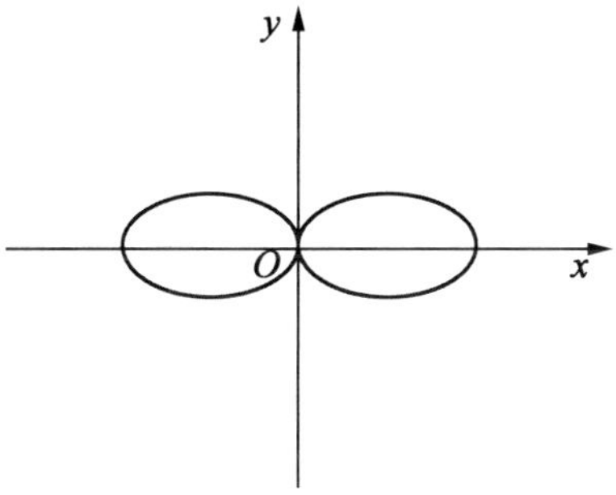

图 3

$$x^2-2x+y^2+2y=0\Rightarrow(x-1)^2+(y+1)^2=2$$

所以 $S=4\left(\frac{\pi}{2}-1\right)=2\pi-4$.

16. **解析** $f(x)$的最小正周期为 $4\pi,6\pi,8\pi$ 的最小公倍数,即 24π.

17. **解析** ①为真命题.

②为真命题,$a=\frac{4}{3}$.

③为真命题,$b=-[a]$.

④为假命题,反例:$a=b=\sqrt{2}$.

18. **解析** 设

$$\overrightarrow{OP}=\sqrt{a^2+b^2}\cdot e^{i\theta},\cos\theta=\frac{a}{\sqrt{a^2+b^2}},\sin\theta=\frac{b}{\sqrt{a^2+b^2}}$$

则

$$\begin{aligned}\overrightarrow{OQ}&=\sqrt{a^2+b^2}\cdot e^{i\left(\theta-\frac{\pi}{2}\right)}\\&=\left(\sqrt{a^2+b^2}\cdot\sin\theta,\sqrt{a^2+b^2}\cdot(-\cos\theta)\right)\\&=b-ai\end{aligned}$$

所以点 Q 的坐标为$(b,-a)$.

19. **解析** 不能.

证明:设每个面上中心与顶点的编号之和的和为 S,因为 $1+2+\cdots\cdots+14=105$ 为奇数,且面心的编号被加一次,顶点的编号被加三次,所以 $S=1+2+\cdots\cdots+14+2x$(x 为顶点的编号之和)为奇数,6 个面无法均分,因此没有一种方案能使得每个面上中心与顶点的编号之和都相等.

2023年中国科学技术大学创新班数学试题

注意事项：

1. 答卷前，考生务必将自己的姓名、准考证号填写在答题卡上.
2. 将答案写在答题卡上，写在本试卷上无效.
3. 考试结束后，将本试卷和答题卡一并交回.
4. 本卷共五道大题，满分100分. 解答须写出必要的计算或证明过程.

一、(20分) 设复数 z 满足 $z^{2023}-z-1=0$，证明 $|z|\leqslant 1$，当且仅当 $\mathrm{Re}(z)\leqslant -\frac{1}{2}$.

二、(20分) $\boldsymbol{\alpha}_1,\boldsymbol{\alpha}_2,\cdots,\boldsymbol{\alpha}_5$ 为空间 $\mathbf{R}^3$ 中的五个非零向量，证明：存在向量 $\boldsymbol{\beta}$，满足其中至少4个向量与 $\boldsymbol{\beta}$ 的夹角小于或等于 $\frac{\pi}{2}$.

三、(20分) 两个笼子中各有一雄一雌的某一种动物，每隔一段时间从两笼中各随机抽出一只动物交换笼子，记第 n 次交换后两笼仍为一雄一雌的概率为 P_n，求 P_n 和 $\lim\limits_{n\to+\infty}P_n$.

四、(20 分)

(1) 证明：设 $x>0$ 时，求证 $x-\frac{1}{6}x^3<\sin x<x$.

(2) 存在正项数列 $\{a_n\}$，$0<a_1<\sqrt{3}$，$a_{n+1}=a_n-\frac{\sin a_n}{n+1}$. 求证：$na_n<\frac{3a_1}{3-a_1^2}$.

五、(20 分) 将正整数列删去平方数后组成一个新数列 $\{a_n\}$，$a_1=1$，$a_2=3$，$a_3=5$，$\cdots$. 求证：对 $\forall n\geqslant 1$，$|a_n-n-\sqrt{n}|<\frac{1}{2}$.

2023 年中国科学技术大学创新班数学试题解析

一、**解析**　因为$z^{2\,023}=z+1$,所以

$$|z|^{4\,046}=|1+z|^2=(1+z)(1+\bar{z})=z\bar{z}+z+\bar{z}+1=|z|^2+2\mathrm{Re}(z)+1$$

(1)若$|z|\leqslant 1$,则

$$2\mathrm{Re}(z)=|z|^{4\,046}-|z|^2-1=(|z|^{2\,023}+|z|)(|z|^{2\,023}-|z|)-1\leqslant -1$$

所以

$$\mathrm{Re}(z)\leqslant -\frac{1}{2}$$

(2)若 $\mathrm{Re}(z)\leqslant -\frac{1}{2}$,则

$$|z|^{4\,046}-|z|^2-1=2\mathrm{Re}(z)\leqslant -1$$
$$(|z|^{2\,023}+|z|)(|z|^{2\,023}-|z|)\leqslant 0$$
$$|z|^{2\,023}\leqslant |z|$$

所以$|z|\leqslant 1$.

证毕.

二、**解析**　不妨设 $\boldsymbol{\alpha}_1,\boldsymbol{\alpha}_2,\cdots,\boldsymbol{\alpha}_5$ 为$\overrightarrow{OA_1},\overrightarrow{OA_2},\overrightarrow{OA_3},\overrightarrow{OA_4},\overrightarrow{OA_5}$,且$\overrightarrow{OA_1}$与$\overrightarrow{OA_2}$不共线,$\overrightarrow{OA_1}$与$\overrightarrow{OA_2}$形成的平面为 S. 根据抽屉原理,A_3,A_4,A_5中必有两个在平面的同一侧,不妨设A_3,A_4在平面的同一侧,此时取$\boldsymbol{\beta}$为指向该侧的法向量即可.

三、**解析**　若当前两只笼子中都是一雄一雌,则共有 4 种可能的交换情况:

①雌换雄.

②雌换雌.

③雄换雌.

④雄换雄.

这 4 种情况发生的概率相等.

其中②④交换后两只笼子中仍都是一雌一雄,①③交换后一笼中全是雄,另一笼中全是雌.

若当前两只笼子一笼中全是雌,另一笼中全是雄,则交换之后两只笼子中一定都是一雄一雌.

综上所述,有

$$P_n=\frac{1}{2}P_{n-1}+(1-P_{n-1})=1-\frac{1}{2}P_{n-1}$$

$$P_n-\frac{2}{3}=-\frac{1}{2}\left(P_{n-1}-\frac{2}{3}\right),P_1=\frac{1}{2}$$

$$P_n-\frac{2}{3}=\left(-\frac{1}{2}\right)^{n-1}\left(P_1-\frac{2}{3}\right)=\left(-\frac{1}{2}\right)^{n-1}\cdot\left(-\frac{1}{6}\right)$$

$$P_n=\frac{2}{3}+\frac{1}{3}\left(-\frac{1}{2}\right)^n$$

当 $n\to+\infty$时,$P_n=\frac{2}{3}$.

四、**解析** (1)令$f(x)=x-\sin x$,则$f'(x)=1-\cos x\geqslant 0$.
因为$f(0)=0$,所以当$x\geqslant 0$时,$f(x)\geqslant 0\Rightarrow x\geqslant \sin x$.
令$g(x)=\sin x+\frac{x^3}{6}-x$,则

$$g'(x)=\cos x+\frac{x^2}{2}-1=\frac{1}{2}x^2-2\sin^2\frac{x}{2}\geqslant\frac{1}{2}x^2-2\cdot\frac{x}{2}\geqslant\frac{1}{2}x^2-2\cdot\left(\frac{x}{2}\right)^2=0$$

又因为$g(0)=0$,所以$g(x)\geqslant g(0)\geqslant 0$.
于是$x-\frac{x^3}{6}<\sin x$.
综上所述

$$x-\frac{x^3}{6}<\sin x<x$$

(2)因为$a_{n+1}=a_n-\frac{\sin a_n}{n+1}$,所以由(1)得

$$a_{n+1}\geqslant a_n-\frac{a_n}{n+1}=\frac{n}{n+1}a_n$$

$$(n+1)a_{n+1}=na_n+a_n-\sin a_n\leqslant na_n+\frac{1}{6}a_n^3$$

所以

$$\frac{1}{na_n}-\frac{1}{(n+1)a_{n+1}}\leqslant\frac{\frac{1}{6}a_n^3}{n(n+1)a_na_{n+1}}$$
$$\leqslant\frac{\frac{1}{6}a_n^3}{n(n+1)a_n\cdot\frac{n}{n+1}a_n}$$
$$=\frac{1}{6}a_n\cdot\frac{1}{n^2}\leqslant\frac{a_1}{6n^2}$$
$$\Rightarrow\frac{1}{a_1}-\frac{1}{na_n}\leqslant\sum_{i=1}^{n}\frac{a_1}{6i^2}<\frac{1}{3}a_1$$
$$\Rightarrow na_n<\frac{3a_1}{3-a_1^2}$$

五、**解析** 设$a_n=n+k$,其中$k^2<n+k<(k+1)^2$,即在$n+k$之前恰去掉k个平方数,所以$k^2-k<n$.又因为k^2+k,k^2-k与n都为整数,所以

$$k^2-k+\frac{1}{4}<n\Rightarrow\left(k-\frac{1}{2}\right)^2<n\Rightarrow k<\sqrt{n}+\frac{1}{2}$$

$$(k+1)^2>n+k\Rightarrow k^2+k+1>n\Rightarrow k^2+k+\frac{1}{4}>n$$
$$\Rightarrow\left(k+\frac{1}{2}\right)^2>n\Rightarrow k>\sqrt{n}-\frac{1}{2}$$

则$|a_n-n-\sqrt{n}|<\frac{1}{2}$.证毕.

2022 年中国科学技术大学创新班数学试题

注意事项：

1. 答卷前，考生务必将自己的姓名、准考证号填写在答题卡上.
2. 将答案写在答题卡上，写在本试卷上无效.
3. 考试结束后，将本试卷和答题卡一并交回.
4. 本卷共五道大题，满分 100 分. 解答须写出必要的计算或证明过程.

一、(20 分) 求满足 $a+b+c=2\,022$ 且 abc 可被 2 022 整除的正整数集合 $\{a,b,c\}$ 的个数.

二、(20 分) 求满足如下条件的所有函数 $f(x)$：

(1) 定义域为 $\left[-\frac{1}{2},\frac{1}{2}\right]$.

(2) $f(0)=0$.

(3) 对任意 $x\in\left[-\frac{1}{2},\frac{1}{2}\right]$，$\sin f(x)-\frac{1}{3}\sin f\left(\frac{x}{3}\right)=x$ 恒成立.

三、(20 分) 已知著名的欧拉等式 $1+\frac{1}{2^2}+\frac{1}{3^2}+\cdots+\frac{1}{n^2}+\cdots=\frac{\pi^2}{6}$. 求最小的正整数 n,使得 $\sum_{k=1}^{n}\frac{1}{k^2}>\frac{\pi^2}{6}-\frac{1}{2\,022}$.

四、(20 分) 在圆周上独立地随机选取 n 个点,求这 n 个点可以被半圆覆盖的概率.

五、(20 分) 设函数 $f_n(x)=1-x+\frac{x^2}{2!}+\cdots+\frac{(-x)^n}{n!}, n\in\mathbf{N}^*$.

(1) 证明:方程 $f_{2n-1}(x)=0$ 有唯一实数解,记作 a_n.

(2) 判断数列 $\{a_n\}$ 是否是单调数列? 并证明你的结论.

2022 年中国科学技术大学创新班数学试题解析

一、解析 由于 $2\ 022=2\times3\times337$，又 a,b,c 不可能为三个奇数，故只考虑 3 和 337 两个因子即可；

若存在 $a=b\neq c$，则有 $2a+c=2\ 022$，若 $337\mid c$，则 $337\mid a$，设 $c=337c_1$，$a=337a_1$，则 $2a_1+c_1=6$，$a_1\cdot c_1$ 不可能为 3 的倍数；

因此 a,b,c 互不相等，由对称性，不妨设 $337\mid c$，则：

(1) $c=337$，$a+b=1\ 685$，共 $\left[\dfrac{1\ 685}{3}\right]=561$ 种.

(2) $c=674$，$a+b=1\ 348$，共 $\left[\dfrac{1\ 348}{3}\right]=449$ 种.

(3) $c=1\ 011$，$a+b=1\ 011$，此时 a,b 必有一偶数，恒成立，共 505 种.

(4) $c=1\ 348$，$a+b=674$，共 $\left[\dfrac{674}{3}\right]=224$ 种.

(5) $c=1\ 685$，$a+b=337$，共 $\left[\dfrac{337}{3}\right]=112$ 种.

注意到 $\{337,674,1\ 011\}$ 在计算过程中共重复了 2 次，故：

总计 $561+449+505+224+112-2=1\ 849$ 种.

二、解析 令 $g(x)=\sin f(x)$，由(3)可知 $g(x)-\frac{1}{3}g\left(\frac{x}{3}\right)=x$，则有

$$g(x)-\frac{9}{8}x=\frac{1}{3}\left[g\left(\frac{x}{3}\right)-\frac{9}{8}\cdot\left(\frac{x}{3}\right)\right]$$

$$g(x)-\frac{9}{8}x=\frac{1}{3^n}\left[g\left(\frac{x}{3^n}\right)-\frac{9}{8}\cdot\left(\frac{x}{3^n}\right)\right]$$

又因为

$$\lim_{n\to+\infty}\frac{1}{3^n}\left[g\left(\frac{x}{3^n}\right)-\frac{9}{8}\left(\frac{x}{3^n}\right)\right]=0$$

故有

$$g(x)=\frac{9}{8}x,f(x)=\arcsin\frac{9}{8}x+2k\pi\quad\left(k\in\mathbf{Z},x\in\left[-\frac{1}{2},0\right)\cup\left(0,\frac{1}{2}\right]\right)$$

$$g(x)=0\quad(x=0)$$

$$f(x)=\begin{cases}0,\text{当 } x=0 \text{ 时}\\ \arcsin\dfrac{9}{8}x+2k\pi,\text{当 } x\neq0 \text{ 时}\end{cases}$$

三、解析 即求

$$\frac{\pi^2}{6}-\sum_{k=1}^{n}\frac{1}{k^2}=\sum_{k=1}^{+\infty}\frac{1}{k^2}-\sum_{k=1}^{n}\frac{1}{k^2}=\sum_{k=n+1}^{+\infty}\frac{1}{k^2}<\frac{1}{2\ 022}$$

即有

$$\frac{1}{k(k+1)}<\frac{1}{k^2}<\frac{1}{k(k-1)}$$

可得
$$\sum_{k=n+1}^{+\infty}\frac{1}{k^2}<\sum_{k=n+1}^{+\infty}\frac{1}{k(k-1)}=\frac{1}{n}$$

因此，当 $n=2\,022$ 时，$\sum\limits_{k=2\,023}^{+\infty}\frac{1}{k^2}<\frac{1}{2\,022}$ 成立.

而当 $n\leqslant 2\,021$ 时，$\sum\limits_{k=n+1}^{+\infty}\frac{1}{k^2}>\sum\limits_{k=n+1}^{+\infty}\frac{1}{(k+1)k}=\frac{1}{n+1}\geqslant\frac{1}{2\,022}$ 不成立.

综上 $n_{\min}=2\,022$.

四、**解析**　n 个点分别记作 A_i，过 A_i 和圆心做直线交圆于 B_i，最终选取的 n 个点记作 C_i，其中 $i=1,2,\cdots,n$，且 $C_i\in\{A_i,B_i\}$.

故共有 2^n 种选择，且需要保证 C_i 均在一个半圆弧上，则当且仅当 C_i 为 A_i，B_i 这 $2n$ 个点中相邻的 n 个点，即 $2n$ 种情况.

又因这 n 个点同时包含一组 A_i，B_i 的概率为 0，故结论具有一般性.

因此有 $P=\frac{2n}{2^n}=\frac{n}{2^{n-1}}$.

五、**解析**　(1) 由题知，$f'_{n+1}(x)=-f_n(x)$，$f_1(x)=1-x$，$a_1=1$，$f'_2(x)=-f_1(x)$，故 $f_2(x)>f_2(1)=0$.

不妨设 $f_{2k-1}(x)$ 在 $\mathbf{R}$ 上单调递减，且 $f_{2k-1}(x)=0$ 有实根 a_k，且 $f_{2k}(x)>0$ 恒成立，则 $f'_{2k+1}(x)=-f_{2k}(x)<0$ 恒成立，且 $f_{2k+1}(0)=1$，$\lim\limits_{x\to+\infty}f_{2k+1}(x)>0$.

因此 $\exists a_{k+1}\in(0,+\infty)$ 使得 $f_{2k+1}(a_{k+1})=0$.

又由 $f'_{2k+2}(x)=-f_{2k+1}(x)$，即有 $f_{2k+2}(x)>f_{2k+2}(a_{k+1})=f_{2k+1}(a_{k+1})+\frac{(-a_{k+1})^{2k+2}}{(2k+2)!}>0$.

其中 $f_{2k+1}(a_{k+1})=0$，证毕.

综上，$f_{2n-1}(x)$ 在实数域上递减且有唯一实根.

(2) $f_{2n+1}(a_n)=f_{2n-1}(a_n)+\frac{a_n^{2n}}{(2n)!}-\frac{a_n^{2n+1}}{(2n+1)!}=\frac{a_n^{2n}}{2n!}\left(1-\frac{a_n}{2n+1}\right)$

$$f_{2n-1}(2n)=(1-2n)+\frac{(2n)^2}{3!}(3-2n)-\cdots+\frac{(2n)^2}{(2n-1)!}(2n-1-2n)<0$$

又 $f_{2n-1}(x)$ 递减，故 $a_n<2n$，证毕.

因 $f_{2n+1}(a_n)>0=f_{2n+1}(a_{n-1})$，故 $a_n<a_{n+1}$.

综上，$\{a_n\}$ 为单调递增数列.

2021 年中国科学技术大学创新班数学试题

注意事项:

1. 答卷前,考生务必将自己的姓名、准考证号填写在答题卡上.
2. 将答案写在答题卡上,写在本试卷上无效.
3. 考试结束后,将本试卷和答题卡一并交回.
4. 本卷共两道大题,满分 100 分. 解答题须写出必要的计算或证明过程.

一、填空题(每题 6 分,共 30 分)

1. 设 $a\in\mathbf{R}$,关于 x 的方程 $x^4-(4a-50)x^2+a^2=0$ 有四个实数解且成等差数列,则 $a=$________.

2. 棱长为 1 的正方体 $ABCD-A_1B_1C_1D_1$ 中,ACB_1D_1 与 BDA_1C_1 公共部分的体积为________.

3. 若直线 $\frac{x}{a}+\frac{y}{b}=1(a>0,b>0)$ 与曲线 $y=\frac{4}{\sqrt{x}}$ 相切,则 $a+b$ 的最小值为________.

4. 若 $x^2+y^2=x^2+z^2+\sqrt{3}xz=z^2+y^2+yz=16$,则 $2xy+xz+\sqrt{3}yz=$________.

5. 一小球在 $0,1,2,\cdots,n$ 这 $n+1$ 个位置移动,小球向前、向后移动一个单位的概率都为 $\frac{1}{2}$. 若在 0 处,则小球只能向前移动,若初始位置在 0 处,则首次移动到 n 的步数的期望为________.

二、解答题(前两题各 15 分,后两题各 20 分,共 70 分)

6. (15 分)在 $\triangle ABC$ 中,证明:$\frac{\sqrt{3}}{2}\cos A+\cos B+\sqrt{3}\cos C\leqslant 2$.

7. (15 分)对 $\forall x,y\in\mathbf{R}$,有 $f(x+y)=f(x)\cos y+f(y)f\left(\frac{\pi}{2}-x\right)$,求 $f(x)$ 的解析式.

8. (20 分)已知 $g_0(x)=1, g_1(x)=x, g_n(x)=\dfrac{[g_{n-1}(x)]^2-2^{n-1}}{g_{n-2}(x)}$,证明:$g_n(x)$ 为 n 次整系数多项式,并求 $g_n(x)=0$ 的所有根.

9. (20 分)证明:α 为无理数当且仅当 $\forall m\in \mathbf{N}^*, \exists n\in \mathbf{Z}$ 使 $0<\{n\alpha\}<\dfrac{1}{m}$.

2021 年中国科学技术大学创新班数学试题解析

一、填空题

1. **解析** 设四个实数解为 $-x_2, -x_1, x_1, x_2$，且 $x_1^2 < x_2^2$，则有 $x_2 - x_1 = 2x_1, x_1^2 + x_2^2 = 4a - 50, x_1^2x_2^2 = a^2$，可知 $a > \frac{25}{2}$，有 $10x_1^2 = 4a - 50, 9x_1^4 = a^2$，可得 $\frac{10a}{3} = 4a - 50$，所以 $a = 75$.

2. **解析** 易知公共部分为正方体六个面的中心所围成的几何体，如图 1 所示，可知

$$V = \frac{1}{3} \times 1 \times \frac{1}{2} = \frac{1}{6}$$

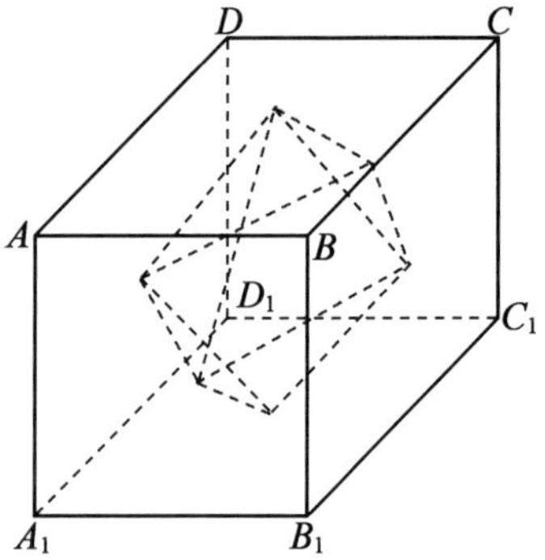

图 1

3. **解析** 当相切时，有 $\begin{cases} \dfrac{b}{a} = \dfrac{2}{x\sqrt{x}} \\ \dfrac{x}{a} + \dfrac{4}{b\sqrt{x}} = 1 \end{cases}$，可得 $ab^2 = 108$，所以

$$a + b = a + \frac{b}{2} + \frac{b}{2} \geqslant 3\sqrt[3]{\frac{ab^2}{4}} = 9$$

当且仅当 $a = 3, b = 6$ 时取等号.

4. **解析** x, y, z 应该是正数，构造如图 2 的边长为 4 的等边 $\triangle ABC$，满足 $OA = y, OB = x, OC = z, \angle AOB = \frac{\pi}{2}, \angle AOC = \frac{2\pi}{3}, \angle BOC = \frac{5\pi}{6}$，则可知

$$2xy + xz + \sqrt{3}yz = 4(S_{\triangle AOB} + S_{\triangle BOC} + S_{\triangle AOC}) = 4S_{\triangle ABC} = 16\sqrt{3}$$

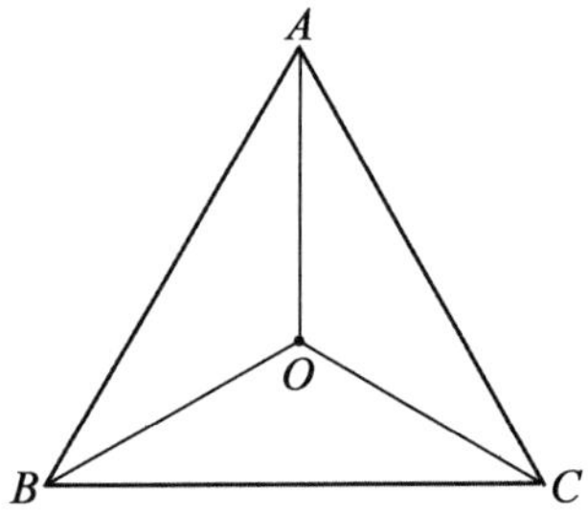

图 2

5. **解析** 设首次从 k 到 n 的步数的期望为 a_k，则有 $a_k = \frac{1}{2}(a_{k+1} + 1) + \frac{1}{2}(a_{k-1} + 1)$，所以 $a_k - a_{k+1} = a_{k-1} - a_k + 2$，可得 $a_k - a_{k+1} = 2k + a_0 - a_1$. 又小球在 0 处，只能向前移动到 1，则有 $a_0 - a_1 = 1$，所以

$$a_0 - a_n = \sum_{k=0}^{n-1}(2k + 1) = n^2$$

又有 $a_n = 0$，则 $a_0 = n^2$.

二、解答题

6. **解析** 由嵌入不等式，有 $x^2 + y^2 + z^2 \geqslant 2yz\cos A + 2xz\cos B + 2yx\cos C$.

令 $yz = \frac{\sqrt{3}}{4}, xz = \frac{1}{2}, yx = \frac{\sqrt{3}}{2}$，则有 $x^2 = 1, y^2 = \frac{3}{4}, z^2 = \frac{1}{4}$. 所以

$$\frac{\sqrt{3}}{2}\cos A+\cos B+\sqrt{3}\cos C\leqslant 2$$

7. **解析** 取 $x=\frac{\pi}{2}, y=0$，则有 $f(0)=0$；取 $x=0$，则有 $\left[1-f\left(\frac{\pi}{2}\right)\right]f(y)=0$.

(1) 若 $f(y)=0$，对任意 $y\in\mathbf{R}$ 均成立，可得 $f(x)=0$，符合；

(2) 若 $f(y)$ 不恒为 0，则有 $f\left(\frac{\pi}{2}\right)=1$，取 $x=\frac{\pi}{2}$，有 $f\left(y+\frac{\pi}{2}\right)=\cos y$，对任意 $y\in\mathbf{R}$ 均成立，可得 $f(x)=\sin x$.

综上可知 $f(x)=0$ 或 $f(x)=\sin x$.

8. **解析** 由 $2^{n-1}=[g_{n-1}(x)]^2-g_n(x)g_{n-2}(x)$，可得

$$\frac{[g_n(x)]^2-g_{n+1}(x)g_{n-1}(x)}{[g_{n-1}(x)]^2-g_n(x)g_{n-2}(x)}=2$$

整理得

$$\frac{g_{n+1}(x)+2g_{n-1}(x)}{g_n(x)}=\frac{g_n(x)+2g_{n-2}(x)}{g_{n-1}(x)}$$

则有

$$\frac{g_n(x)+2g_{n-2}(x)}{g_{n-1}(x)}=\frac{g_2(x)+2g_0(x)}{g_1(x)}=x$$

所以 $g_n(x)=xg_{n-1}(x)-2g_{n-2}(x)$. 又 $g_0(x), g_1(x)$ 符合 $g_n(x)$ 为 n 次整系数多项式，则由数学归纳法，可知 $g_n(x)$ 为 n 次整系数多项式. 记 $f_n(x)=\frac{g_n(x)}{2^{\frac{n}{2}}}$，有 $f_0(x)=1, f_1(x)=\frac{x}{\sqrt{2}}$，所以有 $f_n(x)=\frac{x}{\sqrt{2}}\cdot f_{n-1}(x)-f_{n-2}(x)$，取 $x=2\sqrt{2}\cos\theta$，有

$$f_0(2\sqrt{2}\cos\theta)=1=\frac{\sin\theta}{\sin\theta}, f_1(2\sqrt{2}\cos\theta)=2\cos\theta=\frac{\sin 2\theta}{\sin\theta}$$

由数学归纳法可知

$$f_n(2\sqrt{2}\cos\theta)=\frac{\sin[(n+1)\theta]}{\sin\theta}$$

由 $\sin[(n+1)\theta]=0$，有 $(n+1)\theta=k\pi$，所以 $\theta=\frac{\pi}{n+1},\frac{2\pi}{n+1},\cdots,\frac{n\pi}{n+1}$ 均为 $\sin[(n+1)\theta]=0$ 的解且互不相同. 又 $f_n(x)$ 为 n 次多项式，$f_n(x)=0$ 至多有 n 个根，故可知 $f_n(x)=0$ 的 n 个根为 $x=2\sqrt{2}\cos\frac{k\pi}{n+1}(k=1,2,\cdots,n)$，所以 $g_n(x)=0$ 的所有根为 $x=2\sqrt{2}\cos\frac{k\pi}{n+1}(k=1,2,\cdots,n)$.

9. **解析** 一方面，若 α 是有理数，设 $\alpha=\frac{p}{q}$，取 $m=q$，则矛盾.

另一方面，若 α 不是有理数，对于任意 m，取 $\alpha,2\alpha,3\alpha,\cdots,m\alpha$，则此 m 个数的小数部分都不在 $\left(0,\frac{1}{m}\right)$ 中，由抽屉原理，在 $m-1$ 个 $\left(\frac{i}{m},\frac{i+1}{m}\right)$ 中必有两个，且小数部分不同，作差就得到所要的 n.

2020 年中国科学技术大学创新班数学试题

注意事项：

1. 答卷前，考生务必将自己的姓名、准考证号填写在答题卡上.
2. 将答案写在答题卡上，写在本试卷上无效.
3. 考试结束后，将本试卷和答题卡一并交回.
4. 本卷共两道大题，满分 100 分. 解答题须写出必要的计算或证明过程.

一、填空题(每题 5 分，共 40 分)

1. 若 $z+\bar{z}=1$，则 $|z+1|-|z+\mathrm{i}|$ 的取值范围是________.

2. 若 $|5x+6y|+|9x+11y|\leqslant 1$，则其围成的图形的面积 $S=$________.

3. $f(x)=\dfrac{x}{\sqrt{3}}+\dfrac{1}{x}$ 的离心率是________.

4. $a_1=1, a_2=3, a_n=2\dfrac{a_{n-1}^2}{a_{n-2}}+a_{n-1}$，则 $a_n=$________.

5. $x^2-y^2=4p^2$，x, y 为正整数，p 为素数，则 $x^3-y^3=$________.

6. $a=2\,020^{2\,020}$，$b=\sqrt{2\,019^{2\,021}\times 2\,021^{2\,019}}$，$c=\dfrac{1}{2}(2\,019^{2\,021}+2\,021^{2\,019})$，则 a, b, c 的大小顺序是________.

7. 已知 $f(x)=(x-1)^2+k^2$，且 $\forall a, b, c\in[0,1]$，都存在以 $f(a), f(b), f(c)$ 为边长的三角形，则 k 的取值范围是________.

8. 设 $a_1, a_2, \cdots, a_n$ 为 $1, 2, \cdots, n$ 的排列，若 $i<j$ 且 $a_i<a_j$，则 (a_i, a_j) 为顺序对，设 X 为 $a_1, a_2, \cdots, a_n$ 的顺序对的个数，则 $E(X)=$________.

二、解答题(每题 20 分，共 60 分)

9. (20 分)已知 $x\in\left[0,\dfrac{\pi}{2}\right]$，求 $y=3\sin^2 x-2\sin 2x+2\sin x-\cos x$ 的取值范围.

10.(20 分)已知$f(x)=x^3+ax^2-x+1-a$,求所有$a\in\mathbf{R}$,使得$\forall x\in[-1,1]$,$|f(x)|\geqslant|x|$恒成立.

11.(20 分)已知$1+\sqrt{2}+\cdots+\sqrt{n}<C(n+1)^{\frac{3}{2}}$,证明:当$C=\frac{2}{3}$时不等式成立,且当$C<\frac{2}{3}$时该不等式不成立.

2020 年中国科学技术大学创新班数学试题解析

1. **解析**　如图 1,设 $z=a+b\mathrm{i}$,因为 $z+\bar{z}=1\Rightarrow 2a=1$,所以

$$|z+1|-|z+\mathrm{i}|=|AB|-|AC|$$

$$||AB|-|AC||\leqslant\sqrt{2}$$

当 $b\to+\infty$ 时,$|AB|-|AC|\to-1$,所以所求范围为 $(-1,\sqrt{2}]$.

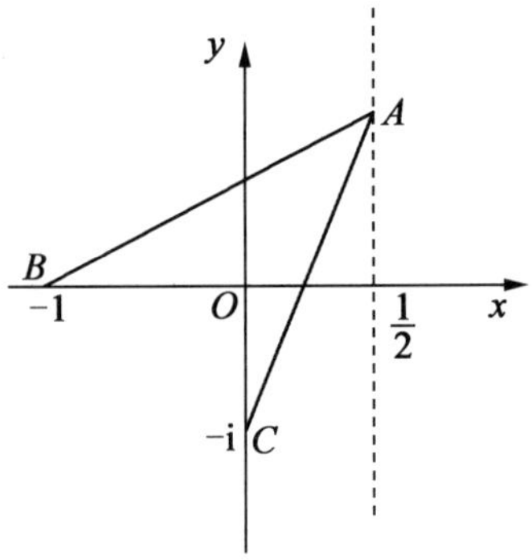

图 1

2. **解析**　画出可行域,计算可得 $S=2$.

3. **解析**　$f(x)=\dfrac{x}{\sqrt{3}}+\dfrac{1}{x}$ 的两条渐近线为 $y=\dfrac{x}{\sqrt{3}}$ 与 $x=0$,夹角为 60°.

所以在标准方程下 $\dfrac{x^2}{a^2}-\dfrac{y^2}{b^2}=1$,则

$$\frac{b}{a}=\frac{\sqrt{3}}{3}\Rightarrow\frac{c}{a}=\frac{2\sqrt{3}}{3}$$

4. **解析**　因为

$$\frac{a_n}{a_{n-1}}=2\frac{a_{n-1}}{a_{n-2}}+1$$

所以

$$\frac{a_n}{a_{n-1}}+1=2\left(\frac{a_{n-1}}{a_{n-2}}+1\right)=\cdots=2^n$$

故

$$\frac{a_n}{a_{n-1}}=2^n-1\Rightarrow a_n=(2-1)(2^2-1)\cdots(2^n-1)$$

5. **解析**　因为 $x,y\in\mathbf{Z}_+$,所以 $x^2-y^2=4p^2\Rightarrow(x-y)(x+y)=4p^2$.

又因为 $x-y,x+y$ 的奇偶性相同,所以 $x+y>x-y$.

所以

$$x+y=2p^2,x-y=2\Rightarrow x=p^2+1,y=p^2-1$$

所以

$$x^3-y^3=(x-y)(x^2+y^2+xy)=6p^4+2$$

6. **解析**　首先

$$b=\sqrt{2\,019^{2\,021}\times2\,021^{2\,019}}<\sqrt{\left(\frac{2\times2\,019\times2\,021}{4\,020}\right)^{4\,020}}<2\,020^{2\,020}=a$$

其次

$$c=\frac{1}{2}(2\,019^{2\,021}+2\,021^{2\,019})>\frac{1}{2}\times2\,019^{2\,021}>2\,020^{2\,020}=a$$

这是因为

$$2\,019\left(\frac{2\,019}{2\,020}\right)^{2\,020}=2\,019\left(1-\frac{1}{2\,020}\right)^{2\,020}>2$$

故 $c>a>b$.

7. **解析** 不妨设 $a<b<c$，则 $f(a)>f(b)>f(c)$. $f(a),f(b),f(c)$ 为三角形的三边长，则

$$f(a)<f(b)+f(c)\Leftrightarrow (a-1)^2<(b-1)^2+(c-1)^2+k^2$$

若对于任意的 $a,b,c\in[0,1]$ 上式均成立，则 $k^2>1$，即 $k>1,k<-1$.

（回忆版题目可能略有问题，首先要加任意的都成立，其次此题或为若 a,b,c 为三角形的三边长，则 $f(a),f(b),f(c)$ 为三角形的三边长，此时 $k^2>\frac{1}{2}$.）

8. **解析** 考虑所有排列中顺序对的总数，即为 $C_n^2C_n^2(n-2)!$，故 $E(X)=\frac{C_n^2C_n^2(n-2)!}{n!}=\frac{1}{2}C_n^2$.

9. **解析** 因为

$$\begin{aligned}y&=4\sin^2x+\cos^2x-4\sin x\cos x+2\sin x-\cos x-1\\&=(2\sin x-\cos x)^2+2\sin x-\cos x-1\end{aligned}$$

设 $t=2\sin x-\cos x$ 在 $x\in\left[0,\frac{\pi}{2}\right]$ 上单调递增，故 $t\in[-1,2]$.

故 $y=t^2+t-1$ 在 $\left[-1,-\frac{1}{2}\right]$ 上单调递减，在 $\left[-\frac{1}{2},2\right]$ 上单调递增，所以 $-\frac{5}{4}\leqslant y\leqslant 5$.

10. **解析** 显然在 $x=\pm1$ 时对于任意的 a 结论均成立，故只需看 $x\in(-1,1)$ 时

$$|f(x)|=|x^3+ax^2-x+1-a|\geqslant|x|\Leftrightarrow\left|x+\frac{1}{x^2-1}+a\right|\geqslant\left|\frac{x}{x^2-1}\right|$$

在 $x\in[0,1)$ 时，要么

$$x+\frac{1}{x^2-1}+a\geqslant\frac{-x}{x^2-1}\Rightarrow a\geqslant\frac{1}{1-x}-x \text{ 而当 } x\to1 \text{ 时}, \frac{1}{1-x}-x\to+\infty$$

显然不存在这样的 a；要么

$$x+\frac{1}{x^2-1}+a\leqslant\frac{x}{x^2-1}\Rightarrow a\leqslant\frac{1}{x+1}-x$$

对于任意的 $x\in[0,1)$ 均成立，则 $a\leqslant-\frac{1}{2}$.

在 $x\in(-1,0]$ 时，要么

$$x+\frac{1}{x^2-1}+a\geqslant\frac{x}{x^2-1}\Rightarrow a\geqslant\frac{1}{1+x}-x \text{ 而当 } x\to-1 \text{ 时}, \frac{1}{1+x}-x\to+\infty$$

显然不存在这样的 a；要么

$$x+\frac{1}{x^2-1}+a\leqslant\frac{-x}{x^2-1}\Rightarrow a\leqslant\frac{1}{1-x}-x=\frac{1}{1-x}+1-x-1$$

对于任意的 $x\in(-1,0]$ 均成立，由对勾函数的性质知 $a\leqslant1$.

综上所述 $a\leqslant-\frac{1}{2}$.

11. **解析** （数学归纳法）首先，归纳 $1+\sqrt{2}+\cdots+\sqrt{n}<\frac{2}{3}(n+1)^{\frac{3}{2}}$.

$n=1$ 时结论显然成立，假设 $n=k$ 时结论成立，归纳 $n=k+1$ 时，只需说明

$$\sqrt{k+1}<\frac{2}{3}\left[(k+2)^{\frac{3}{2}}-(k+1)^{\frac{3}{2}}\right]$$

$$=\frac{2}{3}(\sqrt{k+2}-\sqrt{k+1})(2k+3+\sqrt{(k+1)(k+2)})$$

$$\Leftrightarrow\frac{3\sqrt{k+1}}{\sqrt{k+2}-\sqrt{k+1}}=3(k+1+\sqrt{(k+1)(k+2)})$$

$$<2(2k+3+\sqrt{(k+1)(k+2)})$$

$$\Leftrightarrow\sqrt{(k+1)(k+2)}<k+3$$

显然成立,故归纳完毕.

其次,归纳 $1+\sqrt{2}+\cdots+\sqrt{n}>\frac{2}{3}n^{\frac{3}{2}}$.

$n=1$ 时显然结论成立,假设 $n=k$ 时结论成立,归纳 $n=k+1$ 时,只需说明

$$\sqrt{k+1}>\frac{2}{3}[(k+1)^{\frac{3}{2}}-k^{\frac{3}{2}}]$$

$$=\frac{2}{3}(\sqrt{k+1}-\sqrt{k})(2k+1+\sqrt{k(k+1)})$$

$$\Leftrightarrow\frac{3\sqrt{k+1}}{\sqrt{k+1}-\sqrt{k}}=3(k+1+\sqrt{k(k+1)})$$

$$>2(2k+1+\sqrt{k(k+1)})$$

$$\Leftrightarrow\sqrt{k(k+1)}>k-1$$

显然成立,故归纳完毕.

所以若 $C<\frac{2}{3}$,则必然存在足够大的 n,使得

$$1+\sqrt{2}+\cdots+\sqrt{n}>\frac{2}{3}n^{\frac{3}{2}}>C(n+1)^{\frac{3}{2}}$$

综上,证毕.

评析 该题还可以使用阿贝尔方法或者积分法,但结合高中生的知识水平,这里只给出数学归纳法.

2019 年中国科学技术大学创新班数学试题

注意事项：

1. 答卷前，考生务必将自己的姓名、准考证号填写在答题卡上.
2. 将答案写在答题卡上，写在本试卷上无效.
3. 考试结束后，将本试卷和答题卡一并交回.
4. 本卷共两道大题，满分 100 分. 解答题须写出必要的计算或证明过程.

一、填空题(每题 5 分，共 40 分)

1. 平面区域 $|x+2y|+|3x+4y|\leqslant 5$ 的面积是________.

2. 方程 $\sin 2x+\cos 3x=0, x\in[0,2\pi]$ 的所有根之和为________.

3. 设点 $A(1,0), B(0,1), C\left(x,\dfrac{1}{\sqrt{x}}\right), \dfrac{1}{4}\leqslant x\leqslant 4$，则 $\triangle ABC$ 面积的最小值为________.

4. 设 $x=3+\cos\left(t-\dfrac{\pi}{3}\right), y=4+\cos\left(t+\dfrac{\pi}{6}\right)$，$t$ 是参数，则 x^2+y^2 的最大值为________.

5. 在平面直角坐标系 xOy 中，$P_0(1,0)$，把向量 $\overrightarrow{OP_i}$ 绕 O 顺时针旋转定角 θ 得 $\overrightarrow{OQ_i}$，Q_i 关于 y 轴的对称点记为 P_{i+1}，$i=0,1,\cdots,2\,018$，则 $P_{2\,019}$ 的坐标为________.

6. 若 $x_1=\dfrac{1}{2}, x_{n+1}=\dfrac{x_n}{2(n+1)x_n+1}(n\geqslant 1)$，则 $\sum\limits_{k=1}^{2\,019}x_k=$________.

7. 设 z 是复数，$\dfrac{z-1}{z+1}$ 是纯虚数，则 $|z^2+z+3|$ 的最小值是________.

8. 已知 $x_1,x_2,x_3,x_4\in\mathbf{N}$，且 $\{x_ix_jx_k\,|\,1\leqslant i<j<k\leqslant 4\}=\{18,36,54\}$，则 $x_1+x_2+x_3+x_4=$________.

二、解答题(每题 20 分，共 60 分)

9. (20 分)设四面体 $ABCD$ 可由 $\triangle D_1D_2D_3$ 沿各边中点连线折起围成，$|D_1D_2|=12$，$|D_2D_3|=10$，$|D_3D_1|=8$，求四面体 $ABCD$ 的体积.

10.(20 分)设 n 是正整数,证明:$x=0$ 是方程 $\mathrm{e}^x=\sum\limits_{k=0}^{n}\dfrac{x^k}{k!}$ 的唯一解.

11.(20 分)设 n 是正整数.

(1)证明:存在多项式 $p(x)$,使得 $\cos n\theta=p(\cos\theta)$;

(2)在实数范围内完全因式分解 $p(x)$.

2019 年中国科学技术大学创新班数学试题解析

1. **解析**　画出可行域如图 1，$S_{\square ABCD}=4S_{\triangle ABO}=4\times\frac{25}{4}=25$.

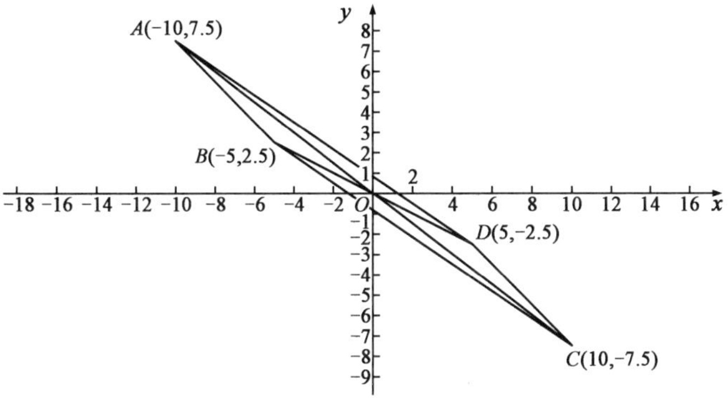

图 1

2. **解析**　因为 $\sin 2x=-\cos 3x=\sin\left(3x+\frac{3\pi}{2}\right)$，$x\in[0,2\pi]$，所以有

$$\begin{cases}2x=3x+\frac{3\pi}{2}+2k\pi\\2x+3x+\frac{3\pi}{2}=\pi+2k\pi\end{cases}\Rightarrow x=\frac{3\pi}{10},\frac{\pi}{2},\frac{7\pi}{10},\frac{11\pi}{10},\frac{3\pi}{2},\frac{19\pi}{10}$$

所求和为 6π.

3. **解析**　如图 2，因点 $A(1,0)$，$B(0,1)$，$C\left(x,\frac{1}{\sqrt{x}}\right)$，则

$$\begin{aligned}S_{\triangle ABC}&=S_{\triangle AOC}+S_{\triangle BOC}-S_{\triangle AOB}\\&=\frac{1}{2}x+\frac{1}{2\sqrt{x}}-\frac{1}{2}\\&=\frac{1}{2}x+\frac{1}{4\sqrt{x}}+\frac{1}{4\sqrt{x}}-\frac{1}{2}\\&\geqslant 3\sqrt[3]{\frac{1}{32}}-\frac{1}{2}=\frac{3\times 2^{-\frac{2}{3}}-1}{2}\end{aligned}$$

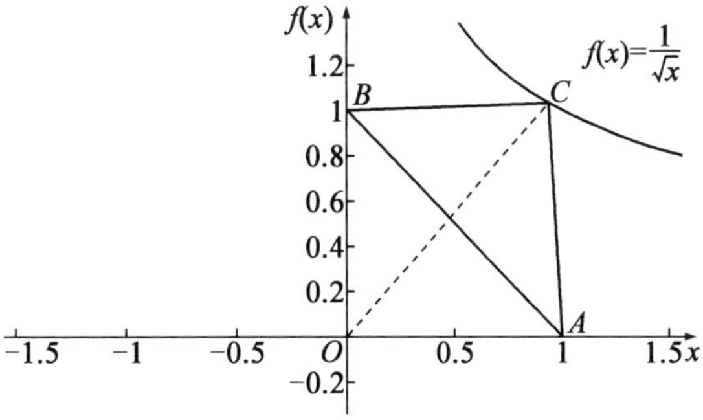

图 2

4. **解析**

$$x-3=\cos\left(\frac{\pi}{3}-t\right)=\sin\left(\frac{\pi}{6}+t\right)$$

因为 $x\in[2,4]$，所以 (x,y) 的轨迹为线段，由几何意义有 $x^2+y^2\in[16,36]$.

5. **解析**　画出图(图 3)可以看出周期性，则 $P_{2\,019}=(-\cos\theta,-\sin\theta)$.

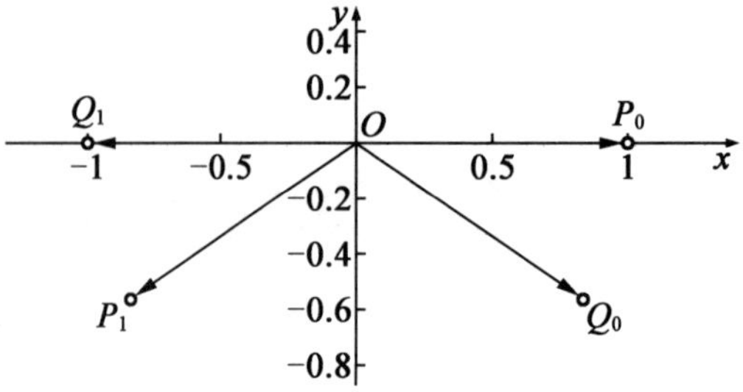

图 3

6. **解析**

$$\frac{1}{x_{n+1}}-\frac{1}{x_n}=2(n+1)\Rightarrow x_n=\frac{1}{n(n+1)}=\frac{1}{n}-\frac{1}{n+1}$$

$$\sum_{k=1}^{2\,019}x_k=1-\frac{1}{2\,020}=\frac{2\,019}{2\,020}$$

7. **解析** 如图 4,由几何意义,注意到 $z-1$ 与 $z+1$ 的夹角,z 的轨迹为单位圆上对应的复数,所以

$$\begin{aligned}|z^2+z+3|_{\min}&=|\bar{z}|\,|z^2+z+3|_{\min}\\&=|z+1+3\bar{z}|_{\min}\\&=|4\cos\theta-2\mathrm{i}\sin\theta+1|_{\min}\\&=(\sqrt{(4\cos\theta+1)^2+4\sin^2\theta})_{\min}\\&=(\sqrt{(12\cos^2\theta+8\cos\theta+5)})_{\min}\\&=\frac{\sqrt{33}}{3}\end{aligned}$$

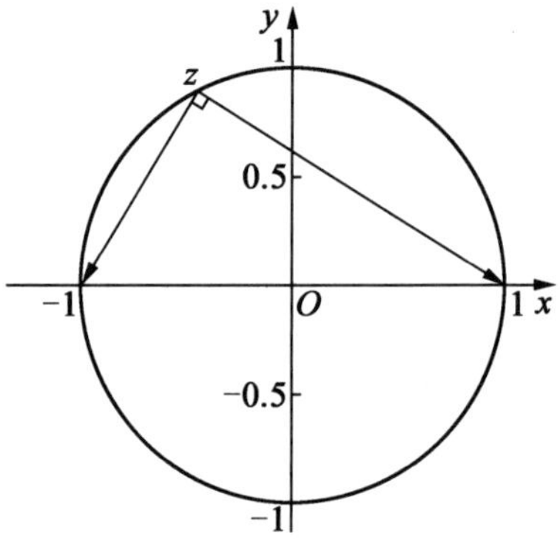

图 4

8. **解析** 假设 $x_1<x_2<x_3<x_4$,则

$$x_1x_2x_3=18,x_1x_3x_4=36,x_1x_2x_4=36,x_2x_3x_4=54$$

$$\Rightarrow x_1x_2x_3x_4=\sqrt[3]{18\times36\times36\times54}=108$$

$$\Rightarrow x_1=2,x_2=3,x_3=3,x_4=6$$

故 $x_1+x_2+x_3+x_4=14$.

9. **解析** 如图 5,易知:四面体 $ABCD$ 是一个对棱相等的四面体,置入到长方体即可求解. 假设其边长为 a,b,c,则

$$a^2+b^2=16,b^2+c^2=25,c^2+a^2=36$$

$$a=\frac{3\sqrt{6}}{2},b=\frac{\sqrt{10}}{2},c=\frac{3\sqrt{10}}{2}\Rightarrow V_{\text{四面体}ABCD}=\frac{15\sqrt{6}}{4}$$

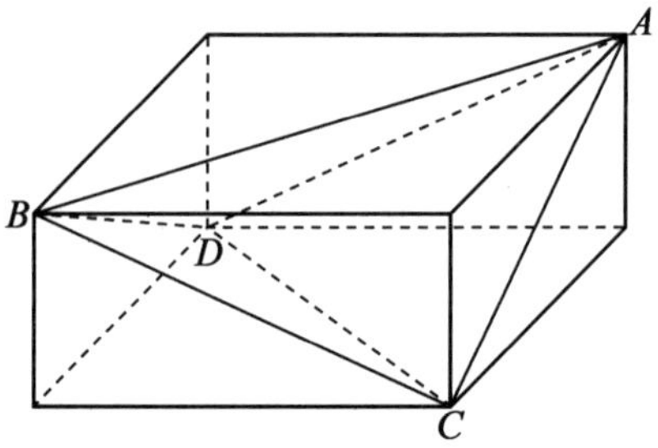

图 5

10. **解析** 令 $f_n(x)=\sum_{k=0}^{n}\frac{x^k}{k!}$,则用数学归纳法证明:$n$ 为奇数时 $\mathrm{e}^x>f_n(x)\Leftrightarrow x\neq0$,$n$ 为偶数时 $\mathrm{e}^x>f_n(x)\Leftrightarrow x>0$,则

$$\mathrm{e}^x<f_n(x)\Leftrightarrow x<0$$

n 为 1 时，$e^x>1+x$ 成立，n 为 0 时，$e^x>1\Leftrightarrow x>0$，$e^x<1\Leftrightarrow x<0$.

(1) n 为奇数时，$e^x>f_n(x)\Leftrightarrow x\neq 0$；$n+1$ 为偶数时，令 $g(x)=e^x-f_{n+1}(x)$，则

$$g(0)=0,g'(x)=e^x-f'_{n+1}(x)=e^x-f_n(x)>0\quad (x\neq 0 \text{ 时})$$

所以 $x>0$ 时，$g'(x)>0$，$g(0)=0\Rightarrow g(x)>0$；$x<0$，$g'(x)>0$，$g(0)=0\Rightarrow g(x)<0$.

(2) n 为偶数时，$e^x>f_n(x)\Leftrightarrow x>0$，$e^x<f_n(x)\Leftrightarrow x<0$；$n+1$ 为奇数时，令 $g(x)=e^x-f_{n+1}(x)$，则 $g(0)=0$，$g'(x)=e^x-f_n(x)$.

所以 $x>0$ 时，$g'(x)=e^x-f_n(x)>0$，$g(0)=0\Rightarrow g(x)>0$；$x<0$ 时，$g'(x)=e^x-f_n(x)<0$，$g(0)=0\Rightarrow g(x)<0$.

11. **解析** (1) 用数学归纳法证明：$\cos\theta=\cos\theta$，$\cos 2\theta=2\cos^2\theta-1$. 假设当 $n=k$，$n=k+1$ 时结论成立.

当 $n=k+2$ 时

$$\cos[(k+2)\theta]=2\cos\theta\cos[(k+1)\theta]-\cos k\theta$$

所以 $n=k+2$ 时结论也成立，且最高次项系数为 2^{n-1}（背景：切比雪夫多项式）.

(2) $p(x)$ 为 n 次多项式，至多有 n 个解，因为

$$\cos n\theta=0\Leftrightarrow n\theta=k\pi+\frac{\pi}{2}$$

所以 $\theta=\frac{\pi}{2n},\frac{3\pi}{2n},\cdots,\frac{(2n-1)\pi}{2n}$ 均为 $\cos n\theta=0$ 的解，且互不相同. 所以

$$p(x)=2^{n-1}\left(x-\cos\frac{1}{2n}\pi\right)\left(x-\cos\frac{3}{2n}\pi\right)\cdots\left(x-\cos\frac{2n-1}{2n}\pi\right)$$

2018 年中国科学技术大学创新班数学试题

注意事项：

1. 答卷前，考生务必将自己的姓名、准考证号填写在答题卡上.
2. 将答案写在答题卡上，写在本试卷上无效.
3. 考试结束后，将本试卷和答题卡一并交回.
4. 本卷共两道大题，满分 100 分. 解答题须写出必要的计算或证明过程.

一、填空题（每题 5 分，共 40 分）

1. $(\sqrt{3}\mathrm{i}-1)^{2018}=$________.

2. 已知 $\sin 2\alpha=\frac{3}{5}$，则$\frac{\tan(\alpha+15^\circ)}{\tan(\alpha-15^\circ)}=$________.

3. 设 $x>-\frac{1}{2}$，则$f(x)=x^2+x+\frac{4}{2x+1}$的最小值为________.

4. 设 $S=\{1,2,3,4,5\}$，则满足 $f(f(x))=x$ 的映射 $f:S\to S$ 的个数是________.

5. 设 α 为复数，i 为虚数单位，关于 x 的方程 $x^2+\alpha x+\mathrm{i}=0$ 有实数根，则$|\alpha|$的取值范围为________.

6. 已知定义在$(0,+\infty)$上的函数$f(x)$是单射，对任意的 $x>0$，有 $xf(x)>1$，$f(xf(x)-1)=2$，则$f(2)=$________.

7. 在四面体 $ABCD$ 中，$\triangle ABC$ 是斜边 $AB=2$ 的等腰直角三角形，$\triangle ABD$ 是以 AD 为斜边的等腰直角三角形，已知 $CD=\sqrt{6}$，点 P,Q 分别在线段 AB,CD 上，则 PQ 的最小值为________.

8. 点 P 在圆：$(x-2)^2+(y-1)^2=1$ 上运动，向量$\overrightarrow{PO}$（其中 O 为原点）绕点 P 逆时针旋转 90°得$\overrightarrow{PQ}$，则点 Q 的轨迹方程为________.

二、解答题（每题 20 分，共 60 分）

9. （20 分）过点$(-1,0)$的直线 m 与抛物线 $y=x^2$ 相交于 A,B，若$\triangle AOB$ 的面积为 3（其中 O 为原点），求直线 m 的方程.

10.(20 分)求所有的二次实系数多项式 $f(x)=x^2+ax+b$,使得 $f(x)\mid f(x^2)$.

11.(20 分)设 $a_1=1, a_{n+1}=\left(1+\frac{1}{n}\right)^3(n+a_n), n\in\mathbf{N}^*$.

证明:(1) $a_n = n^3\left(1+\sum_{k=1}^{n-1}\frac{1}{k^2}\right)$;

(2) $\prod_{k=1}^{n}\left(1+\frac{k}{a_k}\right)<3$.

2018 年中国科学技术大学创新班数学试题解析

一、填空题

1. **解析** 因为$\sqrt{3}\mathrm{i}-1=2\left(\cos\dfrac{2}{3}\pi+\mathrm{i}\sin\dfrac{2}{3}\pi\right)$，所以

$$(\sqrt{3}\mathrm{i}-1)^{2\,018}=2^{2\,018}\left(\cos\frac{4\,036}{3}\pi+\mathrm{i}\sin\frac{4\,036}{3}\pi\right)$$
$$=2^{2\,018}\left(\cos\frac{4}{3}\pi+\mathrm{i}\sin\frac{4}{3}\pi\right)=-2^{2\,017}(1+\sqrt{3}\mathrm{i})$$

2. **解析**

$$\text{原式}=\frac{\tan\alpha+\tan\cdot 15^\circ}{1-\tan\alpha\tan 15^\circ}\cdot\frac{1+\tan\alpha\tan 15^\circ}{\tan\alpha-\tan 15^\circ}$$
$$=\frac{(\tan^2 15^\circ+1)\tan\alpha+\tan 15^\circ(1+\tan^2\alpha)}{(\tan^2 15^\circ+1)\tan\alpha-\tan 15^\circ(1+\tan^2\alpha)}$$

因为$\dfrac{3}{5}=\sin 2\alpha=\dfrac{2\tan\alpha}{1+\tan^2\alpha}$，所以$1+\tan^2\alpha=\dfrac{10}{3}\tan\alpha$.

$$\text{即原式}=\frac{\tan^2 15^\circ+1+\dfrac{10}{3}\tan 15^\circ}{\tan^2 15^\circ+1-\dfrac{10}{3}\tan 15^\circ}=\frac{\dfrac{1}{\cos^2 15^\circ}+\dfrac{10}{3}\tan 15^\circ}{\dfrac{1}{\cos^2 15^\circ}-\dfrac{10}{3}\tan 15^\circ}=\frac{1+\dfrac{5}{3}\times\dfrac{1}{2}}{1-\dfrac{5}{3}\times\dfrac{1}{2}}=11.$$

3. **解析** 令$t=2x+1>0$，则$x=\dfrac{t-1}{2}$，则有

$$x^2+x+\frac{4}{2x+1}=\left(\frac{t-1}{2}\right)^2+\frac{t-1}{2}+\frac{4}{t}=\frac{1}{4}(t^2-1)+\frac{4}{t}=\frac{1}{4}t^2+\frac{2}{t}+\frac{2}{t}-\frac{1}{4}$$

当$t=2$即$x=\dfrac{1}{2}$时取到最小值$3-\dfrac{1}{4}=\dfrac{11}{4}$.

4. **解析** 若$f(x)=x$，则f只有一个.

若$f(a)=b$，则$f(b)=a$，则f有$\mathrm{C}_5^1\cdot\mathrm{C}_4^2\cdot\dfrac{1}{2}+\mathrm{C}_5^3=25$个. 故满足题意的$f$共有 26 个.

5. **解析** 设实根为r，显然$r\neq 0$，故$r^2+\alpha r+\mathrm{i}=0$，得

$$\alpha=\frac{r^2+\mathrm{i}}{-r}=-r-\frac{1}{r}\mathrm{i}$$

所以

$$|\alpha|=\sqrt{r^2+\frac{1}{r^2}}\geqslant\sqrt{2}$$

6. **解析** 因$f(x)$是单射，设$xf(x)-1=t$，则$f(t)=2$.

令$x=t$得$tf(t)-1=t$，即$t=1$. 故$f(x)=\dfrac{2}{x}$，即$f(2)=1$.

7. **解析** 由题意可知该四面体可放入长方体中，如图 1 所示：考虑建立直角坐标系，以

C 为原点，CE 所在直线为 x 轴，CB 所在直线为 y 轴，CA 所在直线为 z 轴. CD 的方程为 $y=\frac{\sqrt{2}}{2}x$，AB 的方程为 $z=-y+\sqrt{2}$，故设 $P(0,y,\sqrt{2}-y)$，$Q\left(x,\frac{\sqrt{2}}{2}x,0\right)$，则

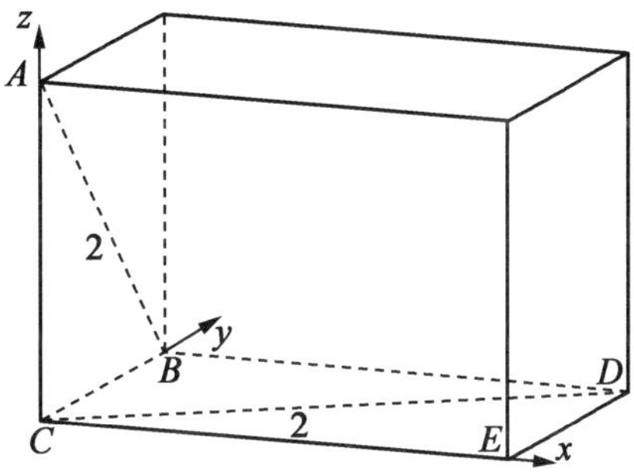

图 1

$$PQ^2=x^2+\left(y-\frac{\sqrt{2}}{2}x\right)^2+(\sqrt{2}-y)^2$$
$$\geqslant\frac{1}{\frac{1}{2}+1+1}\left(\frac{\sqrt{2}}{2}x+y-\frac{\sqrt{2}}{2}x+\sqrt{2}-y\right)^2$$
$$=\frac{2}{\frac{5}{2}}=\frac{4}{5}$$

所以 $PQ\geqslant\frac{2}{5}\sqrt{5}$，当 $x=\frac{2}{5}$，$y=\frac{3}{5}\sqrt{2}$ 时取到最小值.

8. **解析** 设 $P(x_P,y_P)$，故 $x_Q=x_P+y_P$，$y_Q=y_P-x_P$，即

$$x_P=\frac{x_Q-y_Q}{2},y_P=\frac{x_Q+y_Q}{2}$$

所以点 Q 的轨迹方程为

$$\left(\frac{x-y}{2}-2\right)^2+\left(\frac{x+y}{2}-1\right)^2=1$$

即
$$(x-3)^2+(y+1)^2=2$$

二、解答题

9. **解析** 设 $y=k(x+1)$，代入抛物线 $y=x^2$ 得 $x^2-kx-k=0$，$AB=\sqrt{1+k^2}\cdot\sqrt{k^2+4k}$，$d_{O-AB}=\frac{|k|}{\sqrt{k^2+1}}$，所以 $S_{\triangle AOB}=\frac{1}{2}\sqrt{k^2+4k}\cdot|k|=3$，即 $(k^2+4k)k^2=36$.

（附：原题中的最后一个四次方程对于高中生而言无法解出，感兴趣的话可以用费拉里法变成三次方程，再用塔塔利亚方法解出三次方程即可，在考试中最后只要得到这一步，然后写出 k 的取值范围即可得到满分.）

10. **解析** (1) 若 $b=0$，则

$$f(x)=x^2+ax,f(x)\mid f(x^2)$$

则
$$x^2+ax\mid x^4+ax^2\Rightarrow x+a\mid x^3+ax$$

即 $(-a)^3-a^2=0\Rightarrow a=0$ 或 -1.

(2) 若 $b\neq0$，则

$$f(x^2)=x^4+ax^2+b=(x^2+ax+b)(x^2+cx+1)$$

则 $a+c=0$，$1+ac+b=a$，$a+bc=0$，解得

$$\begin{cases} a=0 \\ b=-1, \text{即} f(x)=x^2-1 \\ c=0 \end{cases}$$

$$\begin{cases} a=1 \\ b=1 \quad, \text{即} f(x)=x^2+x+1 \\ c=-1 \end{cases}$$

$$\begin{cases} a=-2 \\ b=1 \quad, \text{即} f(x)=x^2-2x+1 \\ c=2 \end{cases}$$

综上$f(x)=x^2$ 或$f(x)=x^2-x$ 或$f(x)=x^2-1$ 或$f(x)=x^2+x+1$ 或$f(x)=x^2-2x+1$.

11. **解析** (1)由归纳法易得证.

或令 $b_n=\frac{a_n}{n^3}$,则 $b_{n+1}=b_n+\frac{1}{n^2}$,由累加法知 $b_n=1+\sum\limits_{k=1}^{n-1}\frac{1}{k^2}$,即

$$a_n=n^3\left(1+\sum_{k=1}^{n-1}\frac{1}{k^2}\right)$$

(2) 因为

$$a_k=k^3\cdot\left(1+\sum_{i=1}^{k-1}\frac{1}{i^2}\right)=k^3+k^3\cdot\sum_{i=1}^{k}\frac{1}{i^2}-k$$

所以

$$\frac{a_k+k}{a_k}=\frac{1+\sum\limits_{i=1}^{k}\frac{1}{i^2}}{1+\sum\limits_{i=1}^{k-1}\frac{1}{i^2}}$$

所以

$$\prod_{k=1}^{n}\left(1+\frac{k}{a_k}\right)=\frac{a_1+1}{a_1}\cdot\prod_{k=2}^{n}\frac{1+\sum\limits_{i=1}^{k}\frac{1}{i^2}}{1+\sum\limits_{i=1}^{k-1}\frac{1}{i^2}}$$

$$=2\cdot\frac{1+\sum\limits_{i=1}^{n}\frac{1}{i^2}}{2}$$

$$=1+\sum_{i=1}^{n}\frac{1}{i^2}<1+1+1-\frac{1}{2}+\frac{1}{2}-\frac{1}{3}+\cdots<3$$

2017 年中国科学技术大学创新班数学试题

注意事项：

1. 答卷前，考生务必将自己的姓名、准考证号填写在答题卡上.
2. 将答案写在答题卡上，写在本试卷上无效.
3. 考试结束后，将本试卷和答题卡一并交回.
4. 本试卷共两道大题，满分 100 分. 解答题需须写出必要的计算或证明过程.

一、填空题（每题 5 分，共 40 分）

1. 函数 $y=\frac{x}{100}$ 与 $y=\sin x$ 的图像共有________个交点.

2. 设 n 是正整数，方程 $|x|+|y|\leqslant n$ 共有________组整数解 (x,y).

3. 已知映射 $f:\{1,2,3,4,5\}\to\{1,2,3,4,5\}$ 既是单射又是满射，并且满足 $f(x)+f(f(x))=6$，则 $f(1)=$________.

4. 函数 $f(x)=\sqrt{2x^2-2x+1}-\sqrt{2x^2+2x+5}$ 的取值范围是________.

5. 设 $\triangle ABC$ 是等边三角形，$\overrightarrow{AD}=\frac{2}{3}\overrightarrow{AC}$，$\overrightarrow{AE}=-\frac{1}{3}\overrightarrow{AB}$，直线 BD 交 CE 于点 F，$\overrightarrow{AF}=x\overrightarrow{AB}+y\overrightarrow{AC}$，则 $x+y=$________.

6. 设正四棱锥 $P-ABCD$ 的底面边长和高都是 1，点 E,F,G 分别在线段 PB,PC,PD 上，则 $AE+EF+FG+GA$ 的最小值是________.

7. 设复数 z 满足 $z+\frac{1}{z}\in[1,2]$，则 z 的实部的最小值是________.

8. 从正方体的 12 条棱中选出 4 条两两不相交的棱，共有________种选法.

二、解答题（每题 20 分，共 60 分）

9.（20 分）设 $\triangle ABC$ 的外接圆半径是 1，$\angle A,\angle B,\angle C$ 所对的边长 a,b,c 满足 $b=\frac{a}{2}+c\cos A$.

（1）证明：$\angle C$ 是常值，并求 $\angle C$；

（2）求 a^2+b^2 的取值范围.

10.（20 分）设椭圆 $E:\frac{x^2}{4}+y^2=1$.

（1）求点$\left(\frac{4}{\sqrt{5}},\frac{1}{\sqrt{5}}\right)$处椭圆 E 的切线方程；

（2）设点 P 在椭圆 E 上，点 Q 在双曲线 $xy=4$ 上，证明：$|PQ|>\frac{6}{5}$.

11.（20 分）设实数 $a_1,b_1,a_2,b_2,\cdots,a_{2\,017},b_{2\,017}$满足 $0<a_i<b_i<1,i=1,2,\cdots,2\,017$. 证明：若 $\sum_{i=1}^{2\,017}(b_i-a_i)>2\,016$，则存在实数 x 使得 $a_i<x<b_i,i=1,2,\cdots,2\,017$.

（注：2016 年之前中国科学技术大学创新班考试与中国科学技术大学高三的自主招生考试为同一张试卷；但 2017 年中国科学技术大学创新班考试与中国科学技术大学高三自主招生考试分试卷考试，仍然同时开考，其中有很多题目重复.）

2017 年中国科学技术大学创新班数学试题解析

一、填空题

1. **解析** 画出草图，由于 $31\pi < 100, 32\pi > 100$，所以交点个数为 63 个.

2. **解析** $|x| + |y| = n$，非负解的个数为 C_{n+2}^2 个.

①$|x| = 0, |y| = 0$，1 种 $\times 1$；

②$|x| = 0, |y| \neq 0$，n 种 $\times 2$；

③$|x| \neq 0, |y| = 0$，n 种 $\times 2$；

④$|x| \neq 0, |y| \neq 0$，$(C_{n+2}^2 - 2n - 1)$ 种 $\times 4$.

共有 $1 + n \times 2 + n \times 2 + 4(C_{n+2}^2 - 2n - 1) = 2n^2 + 2n + 1$（种）.

3. **解析** 设 $f(x_0) = m$，则 $m + f(m) = 6$，即 $f(m) = 6 - m$. 令 $x = m$，则 $f(m) + f(6 - m) = 6$，关于 $(3,3)$ 对称，所以 $f(1) = 5$.

4. **解析** $y = \sqrt{2}\left(\sqrt{\left(x - \frac{1}{2}\right)^2 + \frac{1}{4}} - \sqrt{\left(x + \frac{1}{2}\right)^2 + \frac{9}{4}}\right)$，设 $A(x, 0)$，$B\left(\frac{1}{2}, \frac{1}{2}\right)$，$C\left(-\frac{1}{2}, \frac{3}{2}\right)$，利用几何意义有 $y = \sqrt{2}(|AB| - |AC|)$，根据两边之差小于第三边，又注意到 A, B, C 三点共线时最小值可以取到 -2，而对于最大值，由

$$f(x) = \frac{-4x - 4}{\sqrt{2x^2 - 2x + 1} + \sqrt{2x^2 + 2x + 5}}$$
$$= \frac{4t}{\sqrt{2t^2 + 6t + 5} + \sqrt{2t^2 + 2t + 5}}$$
$$= \frac{4}{\sqrt{2 + \frac{6}{t} + \frac{5}{t^2}} + \sqrt{2 + \frac{2}{t} + \frac{5}{t^2}}}$$

令 $t = -(x + 1)$，考虑 $t > 0$ 时的情况，显然 $t \to +\infty$ 时，原式的最大值趋于 $\sqrt{2}$.

所以取值范围为 $[-2, \sqrt{2})$.

5. **解析** 以 A 为原点建立直角坐标系，设出 B, C 的坐标，易得 $x + y = \frac{7}{11}$.

6. **解析** 因为 $PA = PB = PC = PD = \frac{\sqrt{6}}{2}$，所以

$$\cos\angle DPC = \cos\angle BPC = \cos\angle APB = \cos\angle APD = \frac{2}{3}$$

设 $PF = x$，将 $A - PB - C$ 打开，则 $\cos\angle APF = -\frac{1}{9}$，所以

$$(AE+EF)_{\min}=AF=\sqrt{x^2+\frac{\sqrt{6}}{9}x+\frac{3}{2}}$$

因为 $x>0$，所以上式单调递增，在 $x=0$ 时最小，故点 F 在点 P 时最小，即 $2PA=\sqrt{6}$.

7. **解析**　设 $z=r(\cos\theta+\mathrm{i}\sin\theta)$，$\frac{1}{z}=\frac{1}{r}(\cos\theta-\mathrm{i}\sin\theta)$，由于 $z+\frac{1}{z}\in[1,2]$，说明 $z+\frac{1}{z}$ 的虚部为 0，即 $(r-\frac{1}{r})\sin\theta=0$，所以 $r=\frac{1}{r}$ 或者 $\sin\theta=0$，所以 $(r\cos\theta)_{\min}=\frac{1}{2}$.

8. **解析**　(1)都平行的情况有 3 种，(2)两两平行的情况有 6 种，所以共有 9 种选法.

二、解答题

9. **解析**　(1) $R=1$，$b=\frac{a}{2}+c\cos A$，由正弦定理，得 $2\sin B=\sin A+2\sin C\cos A$，即

$$2\sin(A+C)=\sin A+2\sin C\cos A$$

得到 $\cos C=\frac{1}{2}$，所以 $\angle C=\frac{\pi}{3}$.

(2) $c=\sqrt{3}$，由余弦定理，得 $a^2+b^2-3=ab\leqslant\frac{a^2+b^2}{2}$，所以 $a^2+b^2\leqslant 6$，所求范围为 $(3,6]$.

10. **解析**　(1)在点 $\left(\frac{4}{\sqrt{5}},\frac{1}{\sqrt{5}}\right)$ 处椭圆 E 的切线方程为 $y=-x+\sqrt{5}$.

(2)设与该直线平行的直线为 $y=-x+m$，则

$$\begin{cases} y=-x+m \\ y=\dfrac{4}{x} \end{cases}$$

得 $x^2-mx+4=0$，令判别式等于 0，得到 $m=4$，这两条平行线的距离为 $\frac{4-\sqrt{5}}{\sqrt{2}}$，显然 $|PQ|>\frac{4-\sqrt{5}}{\sqrt{2}}>\frac{6}{5}$.

11. **解析**　问题即转化为 $\max(a_i)<\min(b_j)$，即为区间 (a_i,b_i) 任意两两交集区间长度大于 0. 这里用反证法，若命题为否，不妨设 $a_1\geqslant b_2$，即 $1>b_1>a_1\geqslant b_2>a_2>0$，所以 $b_1-a_1+b_2-a_2<1$，而对于任意的 i 我们都有 $b_i-a_i<1$，所以 $\sum_{i=1}^{2\,017}(b_i-a_i)<2\,016$，矛盾！

所以 $\max(a_i)<\min(b_j)$，即存在 x，使得 $\max(a_i)<x<\min(b_j)\Rightarrow a_i<x<b_i$.

2016年中国科学技术大学创新班数学试题

注意事项：

1. 答卷前，考生务必将自己的姓名、准考证号填写在答题卡上.
2. 将答案写在答题卡上，写在本试卷上无效.
3. 考试结束后，将本试卷和答题卡一并交回.
4. 本试卷共两道大题，满分100分. 解答题须写出必要的计算或证明过程.

一、填空题（每题5分，共40分）

1. 3^{2016}除以100的余数是________.

2. 复数z_1,z_2满足$|z_1|=2,|z_2|=3,|z_1+z_2|=4$，则$\frac{z_1}{z_2}=$________.

3. 用$S(A)$表示集合A的所有元素之和，且$A\subseteq\{1,2,3,4,5,6,7,8\}$，$S(A)$能被3整除，但不能被5整除，则符合条件的非空集合$A$的个数是________.

4. 已知$\triangle ABC$中，$\sin A+2\sin B\cos C=0$，则$\tan A$的最大值为________.

5. 若对任意实数x都有$|2x-a|+|3x-2a|\geqslant a^2$，则$a$的取值范围为________.

6. 若$a\in\left(\frac{\pi}{4},\frac{\pi}{2}\right)$，$b\in(0,1)$，$x=(\sin a)^{\log_b \sin a}$，$y=(\cos a)^{\log_b \cos a}$，则$x$ ________ y（填$>$，$<$，$=$）.

7. 在梯形$ABCD$中，$AB/\!/CD$，对角线AC,BD交于P_1，过P_1作AB的平行线交BC于点Q_1，AQ_1交BD于P_2，过P_2作AB的平行线交BC于Q_2，……，若$AB=a,CD=b$，则$P_nQ_n=$________.

8. 数列$\{a_n\}$中a_n是与$\sqrt{n}$最接近的整数，则$\sum\limits_{n=1}^{2016}\frac{1}{a_n}=$________.

二、解答题（每题20分，共60分）

9. （20分）已知$a,b,c>0$，$a+b+c=3$，求证

$$\frac{a^2}{a+\sqrt{bc}}+\frac{b^2}{b+\sqrt{ca}}+\frac{c^2}{c+\sqrt{ab}}\geqslant\frac{3}{2}$$

10. (20 分)求所有的函数 $f:\mathbf{N}^* \to \mathbf{N}^*$,使得对任意正整数 $x \neq y$, $0 < |f(x) - f(y)| < 2|x - y|$.

11. (20 分)求方程 $2^x - 5^y \cdot 7^z = 1$ 的所有非负整数解 (x, y, z).

2016 年中国科学技术大学创新班数学试题解析

一、填空题

1. **解析** 由于 $3^{2\,016}=9^{1\,008}=(10-1)^{1\,008}$，有

$$3^{2\,016}\equiv(-1)^{1\,008}+C_{1\,008}^{1}(-1)^{1\,007}\cdot 10\pmod{100}$$

于是

$$3^{2\,016}\equiv 21\pmod{100}$$

所以余数为 21.

2. **解析** 设复数 z_1,z_2,z_1+z_2 在复平面内的对应点分别为 A,B,C，则四边形 $OACB$ 构成平行四边形，复数 $\frac{z_1}{z_2}$ 的模为 $\frac{2}{3}$. 接下来求它的辐角：

在 $\triangle OAC$ 中应用余弦定理，有

$$\cos A=\frac{2^2+3^2-4^2}{2\times2\times3}=-\frac{1}{4}$$

于是有 $\cos\angle AOB=\frac{1}{4}$，进而可得

$$\frac{z_1}{z_2}=\frac{2}{3}\left(\frac{1}{4}\pm\frac{\sqrt{15}}{4}\mathrm{i}\right)=\frac{1}{6}\pm\frac{\sqrt{15}}{6}\mathrm{i}$$

3. **解析** 将集合 A 划分为 $A_1=\{1,4,7\},A_2=\{2,5,8\},A_3=\{3,6\}$，于是使得 $S(A)$ 能够被 3 整除的非空集合 A 的个数有

$$[(C_3^0+C_3^3)^2+(C_3^1)^2+(C_3^2)^2]\cdot 2^2-1=87(\text{个})$$

接下来考虑 $S(A)$ 能被 15 整除的非空集合 A 的个数，此时 $S(A)=15$ 或者 30.

(1) 当 $S(A)=15$ 时，按最大的元素分别为 8,7,6,5 分类，分别有 5,4,3,1 个，共 13 个；

(2) 当 $S(A)=30$ 时，只需要考虑 $S(A)=6$ 的情形，共有 4 个.

综上所述，符合条件的非空集合 A 的个数为 $87-13-4=70$(个).

4. **解析** 由 $\sin A=\sin(B+C)=\sin B\cos C+\sin C\cos B$ 可得

$$3\sin B\cos C+\cos B\sin C=0$$

即 $3\tan B+\tan C=0$，于是

$$\tan A=-\tan(B+C)=-\frac{\tan B+\tan C}{1-\tan B\cdot\tan C}$$

$$=\frac{2\tan B}{1+3\tan^2 B}=\frac{2}{\frac{1}{\tan B}+3\tan B}\leqslant\frac{\sqrt{3}}{3}$$

故最大值为 $\frac{\sqrt{3}}{3}$.

5. **解析** 容易知道函数 $f(x)=|2x-a|+|3x-2a|$ 在 $x=\frac{2}{3}a$ 处取得最小值，代入可得

$$f(\frac{2}{3}a)=\frac{|a|}{3}$$

于是，解不等式 $\frac{|a|}{3}\geqslant a^2$ 得

$$-\frac{1}{3}\leqslant a\leqslant\frac{1}{3}$$

6. **解析** 两边取对数，得

$$\ln x=\frac{\ln^2\sin a}{\ln b},\ln y=\frac{\ln^2\cos a}{\ln b}$$

而 $\sin a>\cos a\Rightarrow 0>\ln\sin a>\ln\cos a\Rightarrow\ln^2\sin a<\ln^2\cos a$

因此 $\ln x>\ln y$，从而 $x>y$.

7. **解析** 设 $P_nQ_n=x_n(n\in\mathbf{N}^*)$，则 $x_0=CD=b$，且

$$\frac{1}{x_n}=\frac{1}{x_{n-1}}+\frac{1}{a}$$

于是可得 $\frac{1}{x_n}=\frac{n}{a}+\frac{1}{x_0}$，即 $x_n=\frac{ab}{a+bn}$.

8. **解析** 记 $k=\mathrm{round}(\sqrt{n})$ 表示离 $\sqrt{n}$ 最近的整数，则有 $k=[\sqrt{n}+\frac{1}{2}]$，即

$$k\leqslant\sqrt{n}+\frac{1}{2}<k+1$$

也即

$$k^2-k+\frac{1}{4}\leqslant n<k^2+k+\frac{1}{4}$$

因此 $a_1,a_2,\cdots,a_{2\,016}$ 为 2 个 1，4 个 2，……，$2k$ 个 k，……，88 个 44，36 个 45.

进而可得

$$\sum_{n=1}^{2\,016}\frac{1}{a_n}=\sum_{k=1}^{44}(\frac{1}{k}\cdot 2k)+\frac{1}{45}\times 36=\frac{444}{5}$$

9. **解析** 由均值不等式，有

$$\mathrm{LHS}\geqslant\sum_{\mathrm{cyc}}\frac{2a^2}{2a+b+c}$$

由柯西不等式，有

$$\sum_{\mathrm{cyc}}\frac{2a^2}{2a+b+c}\geqslant\frac{2(a+b+c)^2}{2a+b+c}$$

再由柯西不等式，有

$$\sum_{\mathrm{cyc}}\frac{2a^2}{2a+b+c}\geqslant\frac{2(a+b+c)^2}{4(a+b+c)}=\frac{3}{2}$$

因此不等式得证.

10. **解析** 根据题意取 $y=x+1$，则对任意 $x\in\mathbf{N}^*$ 均有

$$0<|f(x+1)-f(x)|<2$$

即
$$|f(x+1)-f(x)|=1$$

考虑到对任意正整数 $x\neq y$, $|f(x)-f(y)|>0$,因此 f 为单射.

这就意味着 $f(x+1)-f(x)\equiv 1$,进而可得 $f(n)=f(1)+n-1$,其中 $f(1)\in \mathbf{N}^*$.

11. **解析** 根据题意可得
$$(-1)^x-(-1)^y\cdot 1^z\equiv 1\pmod 3$$
因此 x 为奇数且 y 为偶数. 设 $x=2m+1$, $y=2n$, $m,n\in \mathbf{N}^*$;于是原方程等价于 $2\cdot 4^m-25^n\cdot 7^z=1$. 若 $n\neq 0$,则 $2\cdot(-1)^m\equiv 1\pmod 5$,矛盾,于是 $n=0$.

此时原方程等价于 $2\cdot 4^m-7^z=1$.

(1)若 $z=0$,则 $m=0$,因此 $(x,y,z)=(1,0,0)$ 为符合题意的一组解;

(2)若 $z\neq 0$,则 $-(-1)^z\equiv 1\pmod 4$,于是 z 为奇数,设 $z=2p+1$, $p\in \mathbf{N}^*$,则原方程等价于
$$2\cdot 4^m-7\cdot 49^p=1$$

若 $p=0$,则 $m=1$,因此 $(x,y,z)=(3,0,1)$ 为符合题意的一组解. 若 $p\neq 0$,则 $m\geqslant 4$,于是 $-7\cdot 1^p\equiv 1\pmod{16}$,矛盾.

综上所述,原方程的所有非负整数解为 $(x,y,z)=(1,0,0),(3,0,1)$.

2015 年中国科学技术大学创新班数学试题

注意事项：

1. 答卷前，考生务必将自己的姓名、准考证号填写在答题卡上.
2. 将答案写在答题卡上，写在本试卷上无效.
3. 考试结束后，将本试卷和答题卡一并交回.
4. 本试卷共两道大题，满分 100 分. 解答题须写出必要的计算或证明过程.

一、填空题(每题 5 分，共 40 分)

1. 函数 $f(x)=\dfrac{1+x}{1+|x|}$ 的值域是________.

2. 若 $\sin\alpha+\sin\beta=\dfrac{1}{2}$ 且 $\cos\alpha+\cos\beta=\dfrac{1}{3}$，则 $\cos(\alpha-\beta)=$________.

3. 若函数 $y=f(x)$ 与 $y=\mathrm{e}^x$ 的图像关于直线 $y=-x$ 对称，则 $f(x)=$________.

4. 在平面直角坐标系中，设 O 是坐标原点，定点 $P(1,2)$，动点 $Q(x,y)$ 满足 $x\leqslant 0$ 且 $1-x\leqslant y\leqslant x+3$，则 $\overrightarrow{OP}\cdot\overrightarrow{OQ}$ 的最大值是________.

5. 若椭圆 $\dfrac{x^2}{16}+\dfrac{y^2}{9}=1$ 的一条切线 l 与 x 轴交于点 $(5,0)$，则 l 与两坐标轴所围成的三角形面积是________.

6. 设三个正整数 $a<b<c$，满足 $a+b+c=27$，且 $abc=200$，则 $c=$________.

7. $\left(1-\dfrac{1}{x}+x\right)^9$ 的展开式子中 x^6 的系数为________.

8. 从 $\{1,2,\cdots,20\}$ 中随机取 4 个不同的数，并从小到大排列，则它们构成等差数列的概率为________.

二、解答题(每题 20 分，共 60 分)

9. (20 分)为测量远处一座山峰相对于水平地面的高度 h，测量者选取了水平地面上的点 A,B,C，分别测量了直线 PA,PB,PC 与水平面的夹角 $\theta_1,\theta_2,\theta_3$，其中 P 是山峰的顶点. 已知 B 是 AC 的中点，$AB=a$，求 h(用 $\theta_1,\theta_2,\theta_3$ 表示).

10.（20 分）设 $n\in\mathbf{N}^*$，x_n 是满足以下两个条件的数列 $a_1,a_2,\cdots,a_n$ 的个数：

（1）每个 a_i 都是 0 或者 1；

（2）当 $n\geqslant 2$ 时，任意相邻的两项乘积 $a_ia_{i+1}=0$.

①求 x_1,x_2,x_3；

②求 $\sum\limits_{n=1}^{2\,015}(x_nx_{n+2}-x_{n+1}^2)$.

11.（20 分）

（1）求 $f(x)=\dfrac{\ln x}{x}$的单调区间和最大值；

（2）设 $0<x<y$，并且 $x^y=y^x$. 求证：$x+y>2\mathrm{e}$，其中 e 是自然对数的底.

2015年中国科学技术大学创新班数学试题解析

一、填空题

1. **解析** 分类讨论：

(1)当 $x\geqslant 0$ 时，$f(x)=\dfrac{1+x}{1+x}=1$；

(2)当 $x<0$ 时，$f(x)=\dfrac{1+x}{1-x}=-1+\dfrac{2}{1-x}$，由分式函数的图像及单调性可知此时 $f(x)>-1$.

综上可得 $f(x)\in(-1,1]$.

2. **解析** 将两边分别平方可以得到两个新的式子

$$\sin^2\alpha+\sin^2\beta+2\sin\alpha\sin\beta=\frac{1}{4} \quad ①$$

$$\cos^2\alpha+\cos^2\beta+2\cos\alpha\cos\beta=\frac{1}{9} \quad ②$$

两式相加可得

$$2+2\cos(\alpha-\beta)=\frac{1}{4}+\frac{1}{9}=\frac{13}{36}$$

解得
$$\cos(\alpha-\beta)=-\frac{59}{72}$$

3. **解析** 不妨设 $f(x)$ 的图像上任意一点 $A(x_0,y_0)$，则点 A 关于直线 $y=-x$ 对称的点 A' 的坐标为 $(-y_0,-x_0)$. 又点 A' 在函数 $y=e^x$ 上，代入可得 $-x_0=e^{-y_0}$.

解得
$$y_0=-\ln(-x_0)=\ln\left(-\frac{1}{x_0}\right)$$

由于点 A 的任意性，一定能找出一个与点 A 不同的点 B 也满足上面式子. 根据两点确定一条直线，故 $f(x)=\ln\left(-\dfrac{1}{x}\right)$.

4. **解析** 由已知可得 $\overrightarrow{OP}\cdot\overrightarrow{OQ}=x+2y$，故只需要求 $x+2y$ 的最大值即可，即本题的本质是线性规划.

画出函数的可行域范围，并令 $z=x+2y$，z 最大即函数在 y 轴上截距最大. 作平行线即可知在 $(0,3)$ 处取得最大值，代入可得 $x+2y=6$.

5. **解析** 由已知可设切线方程为 $y=k(x-5)$，与椭圆方程联立有

$$9x^2+16(k^2x^2-10k^2x+25k^2)=144$$

由于直线与椭圆相切，故 $\Delta=0$，化简可得 $k^2=1$，代入即可求得直线在 y 轴上截距的绝对值为 5.

故围成的三角形的面积为$\frac{1}{2}\times 5\times 5=\frac{25}{2}$.

6. **解析** 分解质因数得$200=2^3\times 5^2$.

又因为$a+b+c=27$,综合可知$c<25$.

故c取比25小的20,此时$b=5,a=2$恰为所求.

7. **解析** 因为$\left(1-\frac{1}{x}+x\right)^9=\left[1-\left(\frac{1}{x}-x\right)\right]^9$,故$x^6$的系数为

$$C_9^6C_6^6-C_9^8C_8^7=84-72=12$$

8. **解析** 分类讨论4个等差数列的公差分别为1,2,3,4,5,6的情况种数分别是17,14,11,8,5,2,所以概率为

$$\frac{17+14+11+8+5+2}{C_{20}^4}=\frac{1}{85}$$

二、解答题

9. **解析** 简化山的模型为线段DP,其中D为顶点P在水平面上的投影点,设$DP=h$,已知$AB=a,BC=b,\angle PAD=\theta_1,\angle PBD=\theta_2,\angle PCD=\theta_3$,易知

$$AD=\frac{h}{\tan\theta_1},BD=\frac{h}{\tan\theta_2},CD=\frac{h}{\tan\theta_3}$$

则

$$\cos\angle ABP=\frac{a^2+BP^2-AP^2}{2a\cdot BP}$$

$$\cos\angle CBP=\frac{b^2+BP^2-CP^2}{2b\cdot BP}$$

又易知
$$\cos\angle ABP=-\cos\angle CBP$$

联立以上各式即可得h值.

10. **解析** (1)由已知,a_n只能是0或1,且1不能连续出现,0可以连续出现,易得

$$x_1=2,x_2=3,x_3=5$$

注意,以后看到2,3,5或者1,1,2,3,你就应警惕这可能是斐波那契数列,斐波那契数列的性质比较有意思,容易跟组合数学结合在一起.

进一步分类讨论归纳易得

$$x_{n+1}=x_n+x_{n-1}\quad(n\geqslant 2)$$

(2)由(1)可知$x_{n+1}=x_n+x_{n-1}$,故

$$\begin{aligned}x_n\cdot x_{n+2}-x_{n+1}^2&=x_n(x_n+x_{n+1})-(x_n+x_{n-1})^2=x_n(2x_n+x_{n-1})-(x_n^2+2x_nx_{n-1}+x_{n-1}^2)\\&=x_n^2-x_n\cdot x_{n-1}-x_{n-1}^2=x_n^2-x_{n-1}(x_n+x_{n-1})=x_n^2-x_{n-1}x_{n+1}\end{aligned}$$

令$b_n=x_nx_{n+2}-x_{n+1}^2$,则有$b_n=-b_{n-1}$.

又因为$b_1=x_1\cdot x_3-x_2^2=2\times 5-9=1$,所以$b_n=(-1)^{n-1}$.

从而
$$b_1+b_2+\cdots+b_{2\,015}=b_{2\,015}=(-1)^{2\,014}=1$$

即
$$\sum_{n=1}^{2\,015}(x_nx_{n+2}-x_{n+1}^2)=1$$

问题做到这里,你就应该知道了,斐波那契数列原来有这样一个性质,就是"从第二项开始,奇数项的平方都比前后两项之积多 1,偶数项的平方都比前后两项之积少 1".

在本题中,当 n 为奇数时,$x_n = C_n^0 + C_n^1 + C_{n-1}^2 + \cdots + C_{\frac{k+1}{2}}^{\frac{k+1}{2}}$;

当 n 为偶数时,$x_n = C_n^0 + C_n^1 + C_{n-1}^2 + \cdots + C_{\frac{k}{2}+1}^{\frac{k}{2}}$.

11. **解析** (1)由已知可得 $x>0, f'(x)=\dfrac{1-\ln x}{x^2}$,令 $f'(x)>0$,解得 $x\in(0,\mathrm{e})$,即函数的单调递增区间;同理令 $f'(x)<0$ 可得函数的单调递减区间为$(\mathrm{e},+\infty)$.

由函数的单调性可知 $f(x)_{\max}=f(\mathrm{e})=\dfrac{1}{\mathrm{e}}$.

(2)由已知 $x^y=y^x \Leftrightarrow \dfrac{\ln x}{x}=\dfrac{\ln y}{y}$,由(1)可知 $f(x)=\dfrac{\ln x}{x}$ 在$(0,\mathrm{e})$上单调递增,在$(\mathrm{e},+\infty)$上单调递减且 $0<x<y$,可得 $0<x<\mathrm{e}, y>\mathrm{e}$,即 $0<x<\mathrm{e}<y$.

令 $g(x)=(2\mathrm{e}-x)\ln x - x\ln(2\mathrm{e}-x)\ (0<x<\mathrm{e})$ 则

$$\begin{aligned} g'(x) &= -\ln x + \frac{2\mathrm{e}-x}{x} - \ln(2\mathrm{e}-x) + \frac{x}{2\mathrm{e}-x} \\ &= -\ln[-(x-\mathrm{e})^2+\mathrm{e}^2] + \frac{2\mathrm{e}-x}{x} + \frac{x}{2\mathrm{e}-x} \\ &> -\ln \mathrm{e}^2 + 2\sqrt{\frac{2\mathrm{e}-x}{x}\cdot\frac{x}{2\mathrm{e}-x}} = 0 \end{aligned}$$

故 $g(x)$ 在$(0,\mathrm{e})$上单调递增,所以 $g(x)<g(\mathrm{e})=0$.

即
$$\frac{\ln x}{x} < \frac{\ln(2\mathrm{e}-x)}{2\mathrm{e}-x} \quad (0<x<\mathrm{e})$$

又因为 $0<x<\mathrm{e}<y$,所以

$$\frac{\ln x}{x}=\frac{\ln y}{y} \Rightarrow \frac{\ln y}{y} < \frac{\ln(2\mathrm{e}-x)}{2\mathrm{e}-x}$$

因为 $y>\mathrm{e}, 2\mathrm{e}-x>\mathrm{e}$,结合 $f(x)=\dfrac{\ln x}{x}$ 在$(\mathrm{e},+\infty)$上单调递减可知 $y>2\mathrm{e}-x$,移项可得 $x+y>2\mathrm{e}$.

2014年中国科学技术大学创新班试题（暨华约联盟试题）数学逻辑

（注:2014年之前,中国科学技术大学创新班随同中国科学技术大学高三自主招生一起参与华约联盟测试.）

注意事项:

1. 答卷前,考生务必将自己的姓名、准考证号填写在答题卡上.
2. 将答案写在答题卡上,写在本试卷上无效.
3. 考试结束后,将本试卷和答题卡一并交回.

本试卷共七道大题,满分100分.解答应写出必要的文字说明、方程式和主要演算步骤.

（时间90分钟,满分100分）

一、(10分) x_1,x_2,x_3,x_4,x_5 是正整数,任取四个,其和组成的集合为 $\{44,45,46,47\}$,求这五个数.

二、(15分) 乒乓球比赛,五局三胜制.任一局甲胜的概率是 $p\left(p>\dfrac{1}{2}\right)$,甲赢得比赛的概率是 q,求 p 为多少时,$q-p$ 取得最大值.

三、(15 分) 函数$f(x)=\frac{\sqrt{2}}{2}(\cos x-\sin x)\sin(x+\frac{\pi}{4})-2a\sin x+b(a>0)$的最大值为 1,最小值为 -4,求 a,b 的值.

四、(15 分)

(1)证明:$y=f(g(x))$的反函数为 $y=g^{-1}(f^{-1}(x))$;

(2)$F(x)=f(-x)$,$G(x)=f^{-1}(-x)$,若 $G(x)$的反函数是 $F(x)$,证明:$f(x)$为奇函数.

五、(15 分) 已知椭圆$\frac{x^2}{a^2}+\frac{y^2}{b^2}=1$与圆 $x^2+y^2=b^2$,过椭圆上一点 M 作圆的两条切线,切点分别为 P,Q,直线 PQ 与 x,y 轴分别交于点 E,F,求 $S_{\triangle EOF}$的最小值.

六、(15分) 已知数列$\{a_n\}$满足:$a_1=0,a_{n+1}=np^n+qa_n$.

(1)若$q=1$,求a_n;

(2)若$|p|<1,|q|<1$,求证:数列$\{a_n\}$有界.

七、(15分) 已知$n\in\mathbf{N}^*,x\leqslant n$,求证:$n-n\left(1-\frac{x}{n}\right)^n\mathrm{e}^x\leqslant x^2$.

2014 年中国科学技术大学创新班试题(暨华约联盟试题)数学逻辑解析

一、**解析**　在五个数中任取四个应该可以得到 $C_5^4=5$ 个不同的和,现条件中只有 4 个不同的和,故必有两个和值相同. 而这五个和值之和为 $4(x_1+x_2+x_3+x_4+x_5)$,是 4 的倍数,所以这个相同的和值只可能是 46,从而有 $x_1+x_2+x_3+x_4+x_5=\dfrac{44+45+46+46+47}{4}=57$.

故这五个数分别为 $57-44=13,57-45=12,57-46=11,57-47=10,57-46=11$,即 10,11,11,12,13.

二、**解析**　若共比赛了 3 局,则甲赢得比赛的概率为 p^3;

若共比赛了 4 局,则最后一局甲胜,甲赢得比赛的概率为 $C_3^2p^3(1-p)$;

若共比赛了 5 局,则最后一局甲胜,甲赢比赛的概率为 $C_4^2p^3(1-p)^2$,因此

$$q=p^3+C_3^2p^3(1-p)+C_4^2p^3(1-p)^2$$

所以 $q-p=p^3+C_3^2p^3(1-p)+C_4^2p^3(1-p)^2-p=6p^5-15p^4+10p^3-p,p>\dfrac{1}{2}$.

设 $f(p)=6p^5-15p^4+10p^3-p,p>\dfrac{1}{2}$,则 $f'(p)=30p^4-60p^3+30p^2-1$,即

$$f'(p)=30p^4-60p^3+30p^2-1=30\left[p^2(p^2-2p+1)-\frac{1}{30}\right]$$

所以

$$f'(p)=30\left[p^2(p-1)^2-\frac{1}{30}\right]=30\left(p^2-p-\frac{1}{\sqrt{30}}\right)\left(p^2-p+\frac{1}{\sqrt{30}}\right)$$

又因为 $p\in(\dfrac{1}{2},1)$,所以 $p^2<p$,故 $p^2-p-\dfrac{1}{\sqrt{30}}<0$.

所以令 $f'(p)=0$,即 $p^2-p+\dfrac{1}{\sqrt{30}}=0$,得

$$p=\frac{1\pm\sqrt{1-\frac{4}{\sqrt{30}}}}{2}=\frac{1}{2}\pm\sqrt{\frac{1}{4}-\frac{1}{\sqrt{30}}}$$

又因为 $p\in(\dfrac{1}{2},1)$,所以取

$$p=\frac{1}{2}+\sqrt{\frac{1}{4}-\frac{1}{\sqrt{30}}}$$

易知当 $p\in\left(\dfrac{1}{2},\dfrac{1}{2}+\sqrt{\dfrac{1}{4}-\dfrac{1}{\sqrt{30}}}\right)$时,$f'(p)>0$;当 $p\in\left(\dfrac{1}{2}+\sqrt{\dfrac{1}{4}-\dfrac{1}{\sqrt{30}}},1\right)$时,$f'(p)<0$.

所以当 $p=\dfrac{1}{2}+\sqrt{\dfrac{1}{4}-\dfrac{1}{\sqrt{30}}}$时,$f(p)$有唯一极大值,也是最大值.

三、**解析** 易知

$$f(x)=\frac{1}{2}(\cos^2x-\sin^2x)-2a\sin x+b=-\sin^2x-2a\sin x+b+\frac{1}{2}$$

令 $t=\sin x$,则问题等价于 $g(t)=-t^2-2at+b+\frac{1}{2}$ 在 $[-1,1]$ 上的最大值和最小值分别为 1 和 -4.

(1)当对称轴 $t=-a\leqslant -1$,即 $a\geqslant 1$ 时,$g(t)$ 在 $[-1,1]$ 上递减,则

$$\begin{cases} g(-1)=2a+b-\frac{1}{2}=1 \\ g(1)=-2a+b-\frac{1}{2}=-4 \end{cases}$$

解得 $\begin{cases} a=\frac{5}{4} \\ b=-1 \end{cases}$.

(2)当对称轴 $-1<-a<0$,即 $0<a<1$ 时,则

$$\begin{cases} g(-a)=a^2+b+\frac{1}{2}=1 \\ g(1)=-2a+b-\frac{1}{2}=-4 \end{cases}$$

消去 b 得 $a^2+2a-4=0$,解得 $a=-1\pm\sqrt{5}\notin(0,1)$,舍去.

综上(1)(2)可知,$a=\frac{5}{4}$,$b=-1$ 为所求.

四、**解析** (1)由反函数定义可知 $y=f(g(x))$ 的反函数为 $x=f(g(y))$,所以

$$f^{-1}(x)=f^{-1}(f(g(y)))=g(y)$$

从而
$$g^{-1}(f^{-1}(x))=g^{-1}(g(y))=y$$

所以 $y=g^{-1}(f^{-1}(x))$ 为 $y=f(g(x))$ 的反函数.

(2)由 $G(x)$ 的反函数是 $F(x)$,得

$$G(F(x))=G(G^{-1}(x))=x$$

则
$$f(x)=f(G(F(x)))$$

又因为 $G(x)=f^{-1}(-x)$,所以

$$G(F(x))=f^{-1}(-F(x))$$

代入得
$$f(x)=f(G(F(x)))=f(f^{-1}(-F(x)))=-F(x)=-f(-x)$$

所以 $f(x)$ 为奇函数.

五、**解析** 解法一:设 $M(a\cos\theta,b\sin\theta)$ $(\theta\in[0,2\pi)$,直线 PQ 为点 M 关于圆 $x^2+y^2=b^2$ 的切点弦,其方程为

$$(a\cos\theta)x+(b\sin\theta)y=b^2$$

从而
$$x_E=\frac{b^2}{a\cos\theta},y_F=\frac{b}{\sin\theta}$$

于是
$$S_{\triangle EOF}=\frac{1}{2}|x_E|\cdot|x_F|=\frac{b^3}{a|\sin 2\theta|}\geqslant\frac{b^3}{a}$$

当且仅当 $M\left(\pm\frac{\sqrt{2}}{2}a, \pm\frac{\sqrt{2}}{2}b\right)$时,上述等号成立.

解法二:设切点弦方程为 $x_0x+y_0y=r^2$,则 $E\left(\frac{b^2}{x_0},0\right)$,$F\left(0,\frac{b^2}{y_0}\right)$,有

$$S=\frac{1}{2}\cdot|OE|\cdot|OF|=\frac{1}{2}\cdot\frac{b^4}{|x_0y_0|}$$

又因为$\frac{x_0^2}{a^2}+\frac{y_0^2}{b^2}=1\geqslant 2\sqrt{\frac{x_0^2y_0^2}{a^2b^2}}$,所以

$$|x_0y_0|\leqslant\frac{ab}{2}$$

$$S\geqslant\frac{1}{2}\cdot\frac{b^4}{\frac{ab}{2}}=\frac{b^3}{a}\quad(\text{当且仅当}\frac{x_0^2}{a^2}=\frac{y_0^2}{b^2}\text{时})$$

六、**解析** (1)当 $q=1$ 时,$a_{n+1}-a_n=np^n$,则

$$a_n-a_{n-1}=(n-1)p^{n-1}\quad(n\geqslant 2)$$

由累加法得

$$a_n=a_n-a_{n-1}+a_{n-1}-a_{n-2}+\cdots+a_2-a_1+a_1\quad(n\geqslant 2)$$

即

$$a_n=p+2p^2+3p^3+\cdots+(n-1)p^{n-1}\quad(n\geqslant 2)\qquad①$$

(i)当 $p=1$ 时,$a_n=\frac{n(n-1)}{2}$;当 $n=1$ 时,$a_1=0$ 也适合.

(ii)当 $p\neq 1$ 时

$$pa_n=p^2+2p^3+\cdots+(n-1)p^n\qquad②$$

由① - ②得

$$a_n-pa_n=p+p^2+p^3+\cdots+p^{n-1}-(n-1)p^n$$

所以

$$a_n=\frac{\frac{p(1-p^{n-1})}{1-p}-(n-1)p^n}{1-p}=\frac{(n-1)p^{n+1}-np^n+p}{(1-p)^2}$$

当 $n=1$ 时,$a_1=0$ 也适合.

于是 $a_n=\begin{cases}\frac{n(n-1)}{2},p=1\\ \frac{(n-1)p^{n+1}-np^n+p}{(1-p)^2},p\neq 1\end{cases}$

(2)由$|a_{n+1}|=|np^n+qa_n|\leqslant|np^n|+|qa_n|\leqslant n|p|^n+|a_n|$,所以

$$|a_{n+1}|-|a_n|\leqslant n|p|^n$$

于是

$$|a_n|-|a_{n-1}|\leqslant(n-1)|p|^{n-1}\quad(n\geqslant 2)$$

由累加法得

$$a_n=a_n-a_{n-1}+a_{n-1}-a_{n-2}+\cdots+a_2-a_1+a_1\quad(n\geqslant 2)$$

故

$$|a_n|\leqslant|p|+2|p|^2+\cdots+(n-1)|p|^{n-1}=\frac{(n-1)|p|^{n-1}-n|p|^n+|p|}{(1-|p|)^2}$$

而$(n-1)|p|^{n+1}-n|p|^n\leqslant(n-1)|p|^n-n|p|=-|p|^n<0$,于是当 $n\geqslant2$ 时,有

$$|a_n|<\frac{|p|}{(1-|p|)^2}$$

显然 $a_1=0$ 也适合.

于是 a_n 有上界.

七、**解析**　原不等式等价于 $n-x^2\leqslant n\left(\left(1-\frac{x}{n}\right)\cdot e^{\frac{x}{n}}\right)^n$.

当 $x^2\geqslant n$ 时,上述不等式左边非正,不等式成立.

当 $x^2<n$ 时,由 $e^y\geqslant1+y(y\geqslant0)$及伯努利不等式$(1+y)^n\geqslant1+ny(n\geqslant1,y>-1)$,得

$$\begin{aligned}n\left(\left(1-\frac{x}{n}\right)\cdot e^{\frac{x}{n}}\right)^n&\geqslant n\left(\left(1-\frac{x}{n}\right)\cdot\left(1+\frac{x}{n}\right)\right)^n\\&=n\left(1-\frac{x^2}{n^2}\right)^n\geqslant n\left(1-n\cdot\frac{x^2}{n^2}\right)\\&=n-x^2\end{aligned}$$

即原不等式得证.

2013 年中国科学技术大学创新班试题（暨华约联盟试题）数学逻辑

（注：2014 年之前，中国科学技术大学创新班随同中国科学技术大学高三自主招生一起参与华约联盟测试.）

注意事项：

1. 答卷前，考生务必将自己的姓名、准考证号填写在答题卡上.

2. 将答案写在答题卡上，写在本试卷上无效.

3. 考试结束后，将本试卷和答题卡一并交回.

本试卷共七道大题，满分 100 分. 解答应写出必要的文字说明、方程式和主要演算步骤.

（时间 90 分钟，满分 100 分）

一、（10 分） 集合 $A=\{x\mid x\geqslant 10, x\in \mathbf{N}^*\}$，$B$ 为 A 的子集，若集合 B 中的元素满足以下条件：

1. 任意一个元素的各数位的数字互不相同.

2. 任意一个元素的任意两个数位的数字之和不等于 9.

问：(1) B 中两位数有多少？三位数有多少？

(2) B 中是否有五位数？六位数？

(3) 若将集合 B 中元素按从小到大的顺序排列，第 1 081 个数为多少？

二、（15 分） $\sin x+\sin y=\dfrac{1}{3}$，$\cos x-\cos y=\dfrac{1}{5}$，求 $\sin(x-y)$ 与 $\cos(x+y)$ 的值.

三、(15 分) 直线 $y=kx$ 与 $y=-kx$ 上分别有点 $A(x_A,y_A)$,$B(x_B,y_B)$,且 A,B 在 y 轴同侧,$|\overrightarrow{OA}|\cdot|\overrightarrow{OB}|=1+k^2$(其中 $k>0$).

(1)求 AB 的中点 M 的轨迹 C;

(2)若曲线 C 与 $x^2=2py(p>0)$ 相切于两点,求证:两个切点分别在两条定直线上,并求切线方程.

四、(15 分) 7 个红球,8 个黑球,一次从中任取 4 个球.

(1)求取出的球中恰有 1 个是红球的概率;

(2)求所取出球中黑球个数 X 的分布列及期望 $E(X)$;

(3)若所取出的 4 个球颜色相同,求恰好全黑的概率.

五、(15 分) $a_{n+1}=ca_n^2+a_n$,$a_1>0$,$c>0$.

(1)求证:对 $\forall M>0$,总存在正整数 N,使 $n>N$ 满足 $a_n>M$;

(2)$b_n=\dfrac{1}{ca_n+1}$,S_n 是 b_n 的前 n 项和,求证:对任意 $d>0$ 总存在 k,使得当 $n>k$ 时,$0<\left|S_n-\dfrac{1}{ca_1}\right|<d$.

六、(15 分) x,y,z 是两两不相等且大于 1 的正整数,若 $xyz \mid (xy-1)(xz-1)(yz-1)$,求 x,y,z 的所有值.

七、(15 分) 已知 $f(x)=(1-x)e^{x}-1$.

(1)求证:对 $\forall x>0, f(x)<0$;

(2)若 $x_n e^{x_{n+1}}=e^{x_n}-1$,求证:$\{x_n\}$ 单调递减且 $x_n>\dfrac{1}{2^n}$.

2013年中国科学技术大学创新班试题(暨华约联盟试题)数学逻辑解析

一、**解析** 将0,1,…,9这10个数字按照和为9进行配对,考虑(0,9),(1,8),(2,7),(3,6),(4,5),B中元素的每个数位只能从上面五对数中每对至多取一个数构成.

(1)两位数有$C_5^2\times 2^2\times A_2^2-C_4^1\times 2=72$个;

三位数有$C_5^3\times 2^3\times A_3^3-C_4^2\times 2^2\times A_2^2=432$个.

(2)存在五位数,只需从上述五对数对中每对取一个数即可构成符合条件的五位数;不存在六位数,由抽屉原理易知,若存在,则至少要从一个数对中取出两个数,则这两个数字之和为9,与B中任意一个元素的任意两个数位的数字之和不等于9矛盾,因此不存在六位数.

(3)四位数共有$C_5^4\times 2^4\times A_4^4-C_4^3\times 2^3\times A_3^3=1\,728$个,因此第1 081个元素是四位数,且是第577个四位数,我们考虑千位,千位为1,2,3的四位数有$3\times C_4^3\times 2^3\times A_3^3=576$个,因此第1 081个元素是4 012.

二、**解析** (1)由题设有

$$\sin x+\sin y=\frac{1}{3} \quad ①$$

$$\cos x-\cos y=\frac{1}{5} \quad ②$$

由式①得

$$2\sin\frac{x+y}{2}\cos\frac{x-y}{2}=\frac{1}{3} \quad ③$$

由式②得

$$2\sin\frac{x+y}{2}\sin\frac{x-y}{2}=-\frac{1}{5} \quad ④$$

式④÷③得$\tan\frac{x-y}{2}=-\frac{3}{5}$.

因此由万能公式知,$\sin(x-y)=\dfrac{2\tan\frac{x-y}{2}}{1+\tan^2\frac{x-y}{2}}=-\dfrac{15}{17}$.

(2)

$$\sin x+\sin y=\frac{1}{3}\Rightarrow\sin^2x+\sin^2y+2\sin x\sin y=\frac{1}{9} \quad ⑤$$

$$\cos x-\cos y=\frac{1}{5}\Rightarrow\cos^2x+\cos^2y-2\cos x\cos y=\frac{1}{25} \quad ⑥$$

式⑤+⑥得

$$2-2(\cos x\cos y-\sin x\sin y)=\frac{34}{225}$$

即 $2-2\cos(x+y)=\frac{34}{225}$，所以

$$\cos(x+y)=1-\frac{17}{225}=\frac{208}{225}$$

三、**解析** (1)设 $A(x_1,y_1)$，$B(x_2,y_2)$，$M(x,y)$，则 $y_1=kx_1$，$y_2=-kx_2$.

由 $|OA|\cdot|OB|=k^2+1$ 得 $x_1x_2=1$（-1 舍去，因为在 y 轴同侧），即 $\frac{(x_1+x_2)^2}{4}-\frac{(x_1-x_2)^2}{4}=1$.

又
$$x=\frac{x_1+x_2}{2},y=\frac{y_1+y_2}{2}=k\frac{x_1-x_2}{2}$$

于是 M 的轨迹方程为 $x^2-\frac{y^2}{k^2}=1$.

于是 AB 的中点 M 的轨迹 C 是焦点为 $(\pm\sqrt{k^2+1},0)$、实轴长为 2 的双曲线.

(2)将 $x^2=2py(p>0)$ 与 $x^2-\frac{y^2}{k^2}=1$ 联立得

$$y^2-2pk^2y+k^2=0$$

曲线 C 与抛物线相切，故 $\Delta=4p^2k^4-4k^2=0$.

又因为 $p,k>0$，所以 $pk=1$，且 $y=pk^2=k$，$x=\pm\sqrt{2pk}=\pm\sqrt{2}$.

因此两切点分别在定直线 $x=\sqrt{2}$，$x=-\sqrt{2}$ 上，两切点为 $D(\sqrt{2},k)$，$E(-\sqrt{2},k)$.

因为 $y'=\frac{x}{p}$，于是在 $D(\sqrt{2},k)$ 处的切线方程为 $y=\frac{\sqrt{2}}{p}(x-\sqrt{2})+k$，即

$$y=\frac{\sqrt{2}}{p}x-\frac{1}{p}$$

在 $E(-\sqrt{2},k)$，$D(\sqrt{2},k)$ 处的切线方程为 $y=-\frac{\sqrt{2}}{p}(x+\sqrt{2})+k$，即

$$y=-\frac{\sqrt{2}}{p}x-\frac{1}{p}$$

四、**解析** (1)恰有一个红球的概率为 $\frac{C_7^1C_8^3}{C_{15}^4}=\frac{56}{195}$.

(2)X 的所有可能取值为 0,1,2,3,4，则

$$P(X=0)=\frac{C_7^4}{C_{15}^4}=\frac{5}{195},P(X=1)=\frac{C_7^3C_8^1}{C_{15}^4}=\frac{40}{195}$$

$$P(X=2)=\frac{C_7^2C_8^2}{C_{15}^4}=\frac{84}{195},P(X=3)=\frac{C_7^1C_8^3}{C_{15}^4}=\frac{56}{195},P(X=4)=\frac{C_8^4}{C_{15}^4}=\frac{10}{195}$$

即 X 的概率分布列为（表 1）：

表 1

X	0	1	2	3	4
P	$\frac{5}{195}$	$\frac{40}{195}$	$\frac{84}{195}$	$\frac{56}{195}$	$\frac{10}{195}$

所以 $E(X)=0\times\frac{5}{195}+1\times\frac{40}{195}+2\times\frac{84}{195}+3\times\frac{56}{195}+4\times\frac{10}{195}=\frac{32}{15}$.

(事实上由超几何分布期望公式可以直接得出期望为 $E(X)=4\times\frac{8}{15}=\frac{32}{15}$,无需繁杂的计算.)

(3)取出 4 个球色,全为黑色的概率为$\frac{C_8^4}{C_7^4+C_8^4}=\frac{2}{3}$.

五、**解析** (1)因为对任意 $n\in\mathbf{N}^*$ 满足 $a_n>0$,所以

$$a_{n+1}=a_n+ca_n^2>a_n$$

又因为 $c>0$,所以

$$a_{n+1}-a_n=ca_n^2-ca_{n-1}^2+a_n-a_{n-1}>a_n-a_{n-1}>\cdots>a_2-a_1$$

所以 $a_n=a_n-a_{n-1}+a_{n-1}-a_{n-2}+\cdots+a_2-a_1+a_1>(n-1)(a_2-a_1)=(n-1)ca_1^2$.

故对任意正数 M,存在 $N=\max\left\{1,\left[\frac{M}{ca_1^2}\right]+2\right\}\in\mathbf{N}^*$,当 $n>N$ 时有 $a_n>M$.

(注:$\left[\frac{M}{ca_1^2}\right]$表示不超过$\frac{M}{ca_1^2}$的最大整数)

(2)由 $a_{n+1}=a_n+ca_n^2$ 得

$$a_{n+1}=a_n+ca_n^2=a_n(ca_n+1)$$

所以

$$\frac{1}{ca_n+1}=\frac{a_n}{a_{n+1}}=\frac{ca_n^2}{ca_na_{n+1}}=\frac{a_{n+1}-a_n}{ca_na_{n+1}}=\frac{1}{ca_n}-\frac{1}{ca_{n+1}}$$

所以

$$S_n=\sum_{i=1}^{n}b_i=\frac{1}{ca_1}-\frac{1}{ca_{n+1}}$$

又 $\left|S_n-\frac{1}{ca_1}\right|=\frac{1}{ca_{n+1}}>0$,且由(1)有 $a_{n+1}>cna_1^2$,所以

$$\frac{1}{ca_{n+1}}<\frac{1}{nc^2a_1^2}$$

对任意 $d>0$,存在 $k=\max\left\{1,\left[\frac{1}{dca_1^2}\right]\right\}$,当 $n>k$ 时,有 $0<\left|S_n-\frac{1}{ca_1}\right|<d$.

六、**解析** 本题等价于求使

$$\frac{(xy-1)(yz-1)(zx-1)}{xyz}=xyz-(x+y+z)+\frac{xy+yz+zx-1}{xyz}$$

为整数的正整数 x,y,z.

由于 x,y,z 是互不相等的正整数,因此

$$xyz\mid xy+yz+zx-1 \qquad ①$$

不失一般性，不妨设 $x>y>z$，则

$$xyz\leqslant xy+yz+zx-1<3xy$$

于是 $z<3$，结合 z 为正整数，从而 $z=1,2$. 当 $z=1$ 时，$xy\mid xy+y+x-1$，即 $xy\mid y+x-1$.

于是 $$xy\leqslant y+x-1<2x$$

所以 $y<2$，但 $y>z$，且 y 是正整数，所以矛盾，不合题意.

当 $z=2$ 时，此时 $2xy\mid xy+2y+2x-1$，所以

$$2xy\leqslant 2y+xy+2x-1$$

即 $$xy\leqslant 2y+2x-1$$

所以 $xy<2x+2x=4x$，即 $y<4\Rightarrow y=3$.

把 $z=2,y=3$ 代入式①有

$$6x\mid 5x+5$$

所以 $$5x+5\geqslant 6x\Rightarrow x\leqslant 5$$

结合 $x>y=3$ 知 $x=4,5$，经检验仅有 $x=5$ 符合题意.

因此符合题意的正整数 x,y,z 有

$$(x,y,z)=(2,3,5),(2,5,3),(3,2,5),(3,5,2),(5,2,3),(5,3,2)$$

七、**解析** (1)当 $x>0$ 时，$f'(x)=-xe^x<0$，$f(x)$ 在 $(0,+\infty)$ 递减，所以 $f(x)<f(0)=0$.

(2)由 $x_ne^{x_{n+1}}=e^{x_n}-1$，因为 $x_n>0$，所以 $e^{x_{n+1}}<e^{x_n}$，即 $x_n>x_{n+1}$. 所以数列 $\{x_n\}$ 递减，下面证明 $x_n>\frac{1}{2^n}$.

用数学归纳法证明，设 $g(x)=\frac{e^x-1}{x}$，则

$$g'(x)=\frac{xe^x-e^x+1}{x^2}=-\frac{f(x)}{x^2}$$

由(1)知，当 $x>0$ 时 $f(x)<0$，所以 $g'(x)>0$.

所以 $g(x)$ 在 $(0,+\infty)$ 递增，由归纳假设 $x_n>\frac{1}{2^n}$ 得 $g(x_n)>g\left(\frac{1}{2^n}\right)$.

要证明 $x_{n+1}>\frac{1}{2^{n+1}}$，只需证明 $e^{x_{n+1}}<e^{\frac{1}{2^{n+1}}}$，即 $g(x_n)>e^{\frac{1}{2^{n+1}}}$.

故只需证明 $g\left(\frac{1}{2^n}\right)>e^{\frac{1}{2^{n+1}}}$，考虑函数 $h(x)=xg(x)-xe^{\frac{x}{2}}$，因为当 $x>0$ 时 $e^{\frac{x}{2}}>\left(1+\frac{x}{2}\right)$，所以

$$h'(x)=e^x-\left(1+\frac{x}{2}\right)e^{\frac{x}{2}}=e^{\frac{x}{2}}\left(e^{\frac{x}{2}}-\left(1+\frac{x}{2}\right)\right)>0$$

所以 $h(x)$ 在 $(0,+\infty)$ 递增. 因为 $\frac{1}{2^n}>0$，所以 $h\left(\frac{1}{2^n}\right)>0$，即 $g\left(\frac{1}{2^n}\right)>e^{\frac{1}{2^{n+1}}}$.

由归纳法知，$x_n>\frac{1}{2^n}$ 对任意正整数 n 成立.

点评 记住两个常用放缩：$e^x>(1+x)$ 和 $x-1>\ln x$.

2012 年中国科学技术大学创新班试题（暨华约联盟试题）数学逻辑

（注:2014 年之前,中国科学技术大学创新班随同中国科学技术大学高三自主招生一起参与华约联盟测试.）

注意事项:

1. 答卷前,考生务必将自己的姓名、准考证号填写在答题卡上.

2. 将答案写在答题卡上,写在本试卷上无效.

3. 考试结束后,将本试卷和答题卡一并交回.

一、选择题（本大题共 10 小题,每小题 3 分,在每小题给出的四个选项中,只有一项是符合题目要求的）

1. 在锐角 $\triangle ABC$ 中,已知 $\angle A>\angle B>\angle C$,则 $\cos B$ 的取值范围为 （　　）

A. $\left(0,\frac{\sqrt{2}}{2}\right)$　　B. $\left[\frac{1}{2},\frac{\sqrt{2}}{2}\right)$　　C. $(0,1)$　　D. $\left(\frac{\sqrt{2}}{2},1\right)$

2. 红蓝两色车、马、炮棋子各一枚,将这 6 枚棋子排成一列,其中每对同字的棋子中,均为红棋子在前,蓝棋子在后,满足这种条件的不同的排列方式共有 （　　）

A. 36 种　　B. 60 种　　C. 90 种　　D. 120 种

3. 正四棱锥 $S-ABCD$ 中,侧棱与底面所成角为 α,侧面与底面所成二面角为 β,侧棱 SB 与底面正方形 $ABCD$ 的对角线 AC 所成角为 γ,相邻两侧面所成二面角为 θ,则 $\alpha,\beta,\gamma,\theta$ 之间的大小关系是 （　　）

A. $\alpha<\beta<\theta<\gamma$　　B. $\alpha<\beta<\gamma<\theta$

C. $\alpha<\gamma<\beta<\theta$　　D. $\beta<\alpha<\gamma<\theta$

4. 向量 $\boldsymbol{a}\neq\boldsymbol{e}$,$|\boldsymbol{e}|=1$. 若 $\forall t\in\mathbf{R}$,$|\boldsymbol{a}-t\boldsymbol{e}|\geqslant|\boldsymbol{a}+\boldsymbol{e}|$,则 （　　）

A. $\boldsymbol{a}\perp\boldsymbol{e}$　　B. $\boldsymbol{a}\perp(\boldsymbol{a}+\boldsymbol{e})$

C. $\boldsymbol{e}\perp(\boldsymbol{a}+\boldsymbol{e})$　　D. $(\boldsymbol{a}+\boldsymbol{e})\perp(\boldsymbol{a}-\boldsymbol{e})$

5. 若复数 $\frac{w-1}{w+1}$ 的实部为 0,Z 是复平面上对应 $\frac{1}{1+w}$ 的点,则点 $Z(x,y)$ 的轨迹是 （　　）

A. 一条直线　　B. 一条线段　　C. 一个圆　　D. 一段圆弧

6. 椭圆长轴长为 4,左顶点在圆 $(x-4)^2+(y-1)^2=4$ 上,左准线为 y 轴,则此椭圆离心率的取值范围是 （　　）

A. $\left[\frac{1}{8},\frac{1}{4}\right]$　　B. $\left[\frac{1}{4},\frac{1}{2}\right]$　　C. $\left[\frac{1}{8},\frac{1}{2}\right]$　　D. $\left[\frac{1}{2},\frac{3}{4}\right]$

7. 已知三棱锥 $S-ABC$ 的底面 ABC 为正三角形,点 A 在侧面 SBC 上的射影 H 是 $\triangle SBC$ 的垂心,二面角 $H-AB-C$ 为 $30°$,且 $SA=2$,则此三棱锥的体积为 （　　）

A. $\frac{1}{2}$　　B. $\frac{\sqrt{3}}{2}$　　C. $\frac{\sqrt{3}}{4}$　　D. $\frac{3}{4}$

8. 如图 1，在锐角$\triangle ABC$中，AB边上的高CE与AC边上的高BD交于点H. 以DE为直径的圆与AC的另一个交点为G. 已知$BC=25$，$BD=20$，$BE=7$，则AG的长为 ( )

A. 8

B. $\frac{42}{5}$

C. 10

D. $\frac{54}{5}$

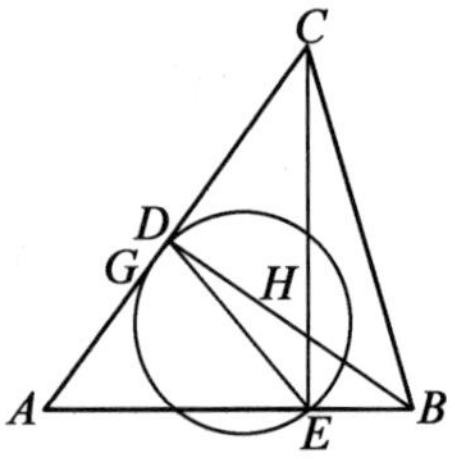

图 1

9. 已知数列$\{a_n\}$的通项公式为$a_n=\lg\left(1+\frac{2}{n^2+3n}\right)$，$n=1,2,\cdots$. S_n是数列的前n项和. 则$\lim\limits_{n\to+\infty}S_n=$ ( )

A. 0　　B. $\lg\frac{3}{2}$　　C. $\lg 2$　　D. $\lg 3$

10. 已知$-6\leqslant x_i\leqslant 10(i=1,2,\cdots,10)$，$\sum\limits_{i=1}^{10}x_i=50$，当$\sum\limits_{i=1}^{10}x_i^2$取得最大值时，在$x_1$，$x_2$，$\cdots$，$x_{10}$这十个数中等于$-6$的数共有 ( )

A. 1 个　　B. 2 个　　C. 3 个　　D. 4 个

二、解答题（解答应写出文字说明，证明过程或演算步骤. 每题 14 分，共 70 分）

11.（14 分）在$\triangle ABC$中，$\angle A$，$\angle B$，$\angle C$的对边分别为a，b，c，已知$2\sin^2\frac{A+B}{2}=1+\cos 2C$.

（1）求$\angle C$的大小；

（2）若$c^2=2b^2-2a^2$，求$\cos 2A-\cos 2B$的值.

12. (14分)已知两点$A(-2,0)$,$B(2,0)$,动点P在y轴上的射影是H,且$\overrightarrow{PA}\cdot\overrightarrow{PB}=2|\overrightarrow{PH}|^2$.

(1)求动点P的轨迹C的方程;

(2)已知过点B的直线交曲线C于x轴下方不同的两点M,N,设MN的中点为R,过R与$Q(0,-2)$作直线RQ,求直线RQ斜率的取值范围.

13. (14分)系统中每个元件正常工作的概率都是$p(0<p<1)$,各个元件正常工作的事件相互独立,如果系统中有多于一半的元件正常工作,系统就能正常工作. 系统正常工作的概率称为系统的可靠性.

(1)某系统配置有$2k-1$个元件,k为正整数,求该系统正常工作概率的表达式.

(2)现为改善(1)中系统的性能,拟增加两个元件. 试讨论增加两个元件后,能否提高系统的可靠性.

14. (14 分)记函数 $f_n(x)=1+x+\frac{x^2}{2!}+\cdots+\frac{x^n}{n!}, n=1,2,\cdots$. 证明:当 n 是偶数时,方程 $f_n(x)=0$ 没有实根;当 n 是奇数时,方程 $f_n(x)=0$ 有唯一的实根 θ_n,且 $\theta_n>\theta_{n+2}$.

15. (14 分)某乒乓球培训班共有 n 位学员,在班内双打训练赛期间,每两名学员都作为搭档恰好参加过一场双打比赛. 试确定 n 的所有可能值并分别给出对应的一种安排比赛的方案.

2012 年中国科学技术大学创新班试题（暨华约联盟试题）数学逻辑解析

1. **解析**　$2\angle B>\angle B+\angle C>\dfrac{\pi}{2}$且$\angle B<\dfrac{\pi}{2}$，因此$\cos B\in\left(0,\dfrac{\sqrt{2}}{2}\right)$. 答案为 A.

2. **解析**　解法一：6 个位子拿出 2 个排车，则车的红前蓝后即确定；剩下的 4 个位子拿出 2 个排马，则马的红前蓝后即确定；最后 2 个位子排炮，则炮的红前蓝后即确定. 共$C_6^2C_4^2C_2^2=90$.

解法二：记有$2k$枚棋子时，满足这种条件的不同排列方式有A_{2k}种.

则加入 2 枚同字的棋子时：

若这 2 枚同字的棋子相邻，则有$(k+1)A_{2k}$种排列法；

若这 2 枚同字的棋子不相邻，则有$C_{2k+1}^2A_{2k}$种排列法.

因此$A_{2k+2}=(2k+1+C_{2k+1}^2)A_{2k}$，从而有$A_2=1,A_4=6,A_6=6\cdot(5+C_5^2)=90$. 答案为 C.

3. **解析**　如图 2，作底面垂线SO，交底面于点O，则O为AC和BD的交点，因此$\gamma=\dfrac{\pi}{2}$.

过O作$OE\perp AD$，交AD于E，联结SE，则$\sin\alpha=\dfrac{SO}{SA}$，$\sin\beta=\dfrac{SO}{SE}$，且$SA>SE$，所以$\alpha<\beta<\dfrac{\pi}{2}$.

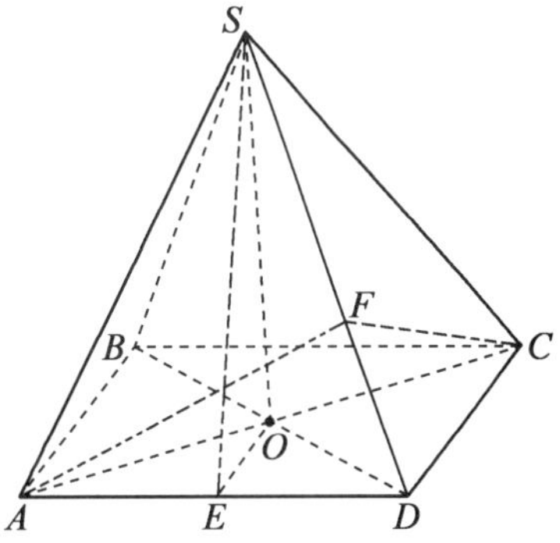

图 2

过A作$AF\perp SD$，交SD于F，联结CF，则$AF=CF<AD$，因此

$$\cos\theta=\cos\angle AFC=\frac{2AF^2-AC^2}{2AF^2}<0$$

所以$\alpha<\beta<\gamma<\theta$. 答案为 B.

4. **解析**　解法一：如图 3，若$\boldsymbol{e}\perp(\boldsymbol{a}+\boldsymbol{e})$不成立，则$(\boldsymbol{a}+\boldsymbol{e})$在$l$上的投影向量可写成$\boldsymbol{a}-t\boldsymbol{e}$，且$|\boldsymbol{a}-t\boldsymbol{e}|<|\boldsymbol{a}+\boldsymbol{e}|$. 推出矛盾.

解法二：$|\boldsymbol{a}-t\boldsymbol{e}|\geqslant|\boldsymbol{a}+\boldsymbol{e}|$，则

$$|\boldsymbol{a}|^2-2t\boldsymbol{a}\cdot\boldsymbol{e}+t^2\geqslant|\boldsymbol{a}|^2+2\boldsymbol{a}\cdot\boldsymbol{e}+1$$

即$t^2-2t\boldsymbol{a}\cdot\boldsymbol{e}-1-2\boldsymbol{a}\cdot\boldsymbol{e}\geqslant0$对一切$t$成立，因此$(\boldsymbol{a}\cdot\boldsymbol{e}+1)^2\leqslant0$. 答案为 C.

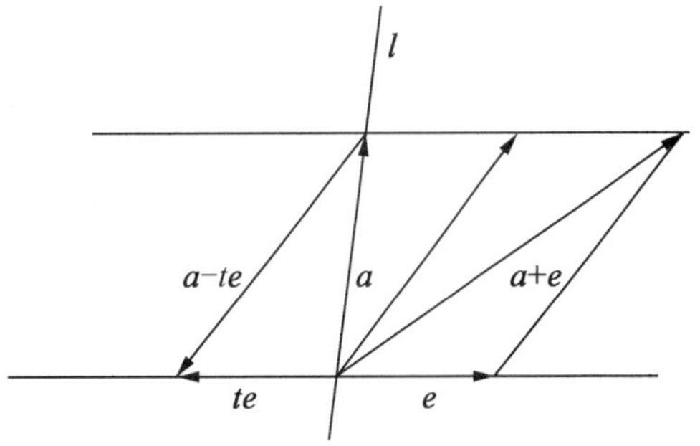

图 3

5. **解析**　$\mathrm{Re}\left(\dfrac{w-1}{w+1}\right)=$

$\mathrm{Re}\left(\dfrac{w\cdot\overrightarrow{w}+(w-\overrightarrow{w})-1}{|w+1|^2}\right)=0\Rightarrow|w|=1.$

设 $w=\cos t+\mathrm{i}\sin t, t\in[0,\pi)\cup(\pi,2\pi]$，则

$$\frac{1}{1+w}=\frac{1+\cos t}{2+2\cos t}-\frac{\sin t}{2+2\cos t}\mathrm{i}=\frac{1}{2}-\frac{1}{2}\tan\frac{t}{2}$$

由于 $t\in[0,\pi)\cup(\pi,2\pi]$ 时，$\frac{1}{2}\tan\frac{t}{2}\in(-\infty,+\infty)$，因此点 Z 轨迹为直线 $x=\frac{1}{2}$. 答案为 A.

6. **解析** 设左顶点为 $\begin{cases}x=4+2\cos t\\y=1+2\sin t\end{cases}$，$t\in[0,2\pi]$，则对称中心为 $(6+2\cos t,1+2\sin t)$.

令 $\begin{cases}u=x-6-2\cos t\\v=y-1-2\sin t\end{cases}$，则在 uv 坐标系统中，椭圆对称中心在原点，其左准线为

$$u=-6-2\cos t$$

因此，$-\frac{a^2}{c}=-\frac{4}{c}=-6-2\cos t\Rightarrow e=\frac{c}{a}=\frac{1}{3+\cos t}\in\left[\frac{1}{4},\frac{1}{2}\right]$. 答案为 B.

7. **解析** 解法一：如图 4，延长 BH 交 SC 于点 D，取 AB 中点 N，因为 $S-ABC$ 是正三棱锥，所以 $SC\perp AB$，又 $SC\perp BD$，所以 $SC\perp$ 平面 ABD. 由对称性可得 $DB=DA$，所以 $DN\perp AB$，又 $SC\perp AB$，所以 $NC\perp AB$，所以二面角 $H-AB-C$ 的平面角为 $\angle DNC=30°$.

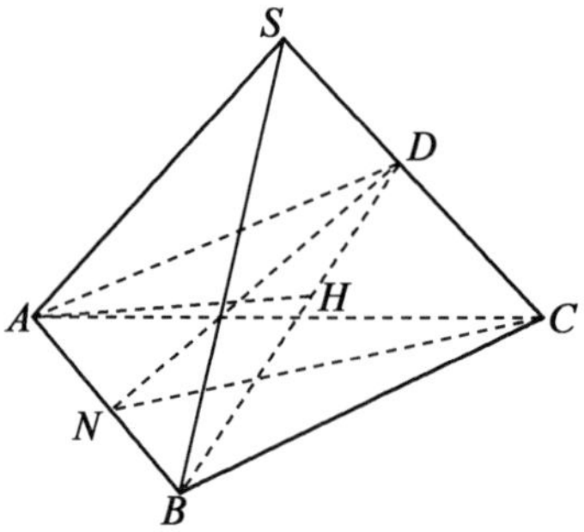

图 4

又设 $AB=t$，则

$$CN=\frac{\sqrt{3}}{2}t, DC=\frac{\sqrt{3}}{4}t, DN=\frac{3}{4}t, BD=\frac{\sqrt{13}}{4}t$$

由 $SB^2=BD^2+SD^2$，得到

$$4=\left(\frac{\sqrt{13}}{4}t\right)^2+\left(2-\frac{\sqrt{3}}{4}t\right)$$

解得 $t=\sqrt{3}$. 所以 $V_{S-ABC}=\frac{1}{3}S_{\triangle ABD}\cdot SC=\frac{1}{4}t^2=\frac{3}{4}$.

解法二：由“A 在平面 SBC 上的投影是该面的垂心”，可得“三棱锥的三组对棱互相垂直”，进而可知 S 在底面上的射影是底面的垂心，得到这是一个正三棱锥（注意不是正四面体），再由底面边长和侧面二面角可求体积. 答案为 D.

8. **解析** 设 $AE=x$. 在 $\mathrm{Rt}\triangle BCD$ 中，$CD=15$；在 $\mathrm{Rt}\triangle BCE$ 中，$CE=24$.

由面积公式有

$$AC\cdot BD=CE\cdot(BE+AE)$$

$$AC=\frac{42+6x}{5}, AD=AC-CD=\frac{6x-33}{5}$$

在 $\mathrm{Rt}\triangle ABD$ 中，$(7+x)^2=400+\left(\frac{6x-33}{5}\right)^2\Rightarrow x=18$ 或者 $x=\frac{548}{11}$.

易验证,当 $x=\frac{548}{11}$ 时,$AE^2+CE^2\neq AC^2$,所以 $AE=18$.

过 E 作 $EF\perp AC$,交 AC 于 G,则 G 即为所求.

由 $\triangle AEG\backsim\triangle ABD$ 得 $\frac{AE}{AB}=\frac{AG}{AD}\Rightarrow AG=\frac{54}{5}$. 答案为 D.

9. **解析** $a_n=\lg\frac{(n+1)(n+2)}{n(n+3)}=[\lg(n+1)-\lg n]-[\lg(n+3)-\lg(n+2)]$,因此

$$S_n=[\lg 2-\lg 1]-[\lg 4-\lg 3]+\cdots+[\lg(n+1)-\lg n]-[\lg(n+3)-\lg(n+2)]$$

$$=\lg 3+\lg\frac{n+1}{n+3}\Rightarrow\lim_{n\to+\infty}S_n=\lg 3$$

答案为 D.

10. **解析** 因为当 $0\leqslant x_s\leqslant x_t$ 时

$$x_s^2+x_t^2\leqslant(x_s-10+x_t)^2+(x_t+10-x_t)^2$$

所以 $\sum_{i=1}^{10}x_i^2$ 取得最大值时,十个数中至少有九个数是 10 或者 -6.

设这九个数中有 k 个 -6,第十个数为 a,则

$$10\cdot(9-k)+(-6)\cdot k+a=50\Rightarrow 34\leqslant 16k=40+a\leqslant 50$$

所以 $k=3$. 答案为 C.

11. **解析** (1)由条件可知,$2\sin^2\frac{\pi-C}{2}=1+\cos 2C=2\cos^2 C\Rightarrow\cos C=-\frac{1}{2}$,$\angle C=\frac{2\pi}{3}$.

(2)因为 $a=\frac{c\sin A}{\sin C}=\frac{2c\sin A}{\sqrt{3}}$,$b=\frac{c\sin B}{\sin C}=\frac{2c\sin B}{\sqrt{3}}$,所以

$$c^2=2b^2-2a^2=\frac{8c^2\sin^2 B}{3}-\frac{8c^2\sin^2 A}{3}\Rightarrow 2\sin^2 B-2\sin^2 A=\frac{3}{4}$$

可得 $\cos 2A-\cos 2B=2\sin^2 B-2\sin^2 A=\frac{3}{4}$.

12. **解析** (1)设 $P(x,y)$,则 $H(0,y)$,由

$$\overrightarrow{AP}\cdot\overrightarrow{BP}=2|\overrightarrow{PH}|^2$$

得

$$(x+2,y)\cdot(x-2,y)=2x^2$$

即 $y^2-x^2=4$.

(2)令 CD:$x=my+2(m\neq 0)$,代入 $y^2-x^2=4$,整理得

$$(1-m^2)y^2-4my-8=0$$

因为直线在 x 轴下方交点 P 的轨迹于 $C(x_1,y_1)$,$D(x_2,y_2)$ 两点,所以上式有两个负根,由

$$\begin{cases}1-m^2\neq 0\\ \Delta=16m^2+32(1-m^2)>0\\ y_1+y_2=\frac{4m}{1-m^2}<0\\ y_1y_2=\frac{-8}{1-m^2}>0\end{cases}\Rightarrow 1<m<\sqrt{2}$$

根据韦达定理,得 CD 中点 M 的坐标为

$$M\left(\frac{x_1+x_2}{2},\frac{y_1+y_2}{2}\right)=\left(\frac{2}{1-m^2},\frac{2m}{1-m^2}\right)$$

代入直线 MQ 的方程 $y+2=kx$(k 为其斜率)得

$$\frac{2m}{1-m^2}+2=\frac{2k}{1-m^2}$$

所以,$k=-m^2+m+1=-\left(m-\frac{1}{2}\right)^2+\frac{5}{4}\in(\sqrt{2}-1,1)(1<m<\sqrt{2})$.

13. **解析** 解法一:(1)记由 $2k-1$ 个元件组成的系统正常工作的概率为 p_k.

伯努利概型:$2k-1$ 个元件中有 i 个正常工作的概率为 $C_{2k-1}^{i}p^{i}(1-p)^{2k-1-i}$,因此系统正常工作的概率

$$p_k=\sum_{i=k}^{2k-1}C_{2k-1}^{i}p^{i}(1-p)^{2k-1-i}$$

(2)在 $2k-1$ 个元件组成的系统中增加两个元件得到由 $2k+1$ 个元件组成的新系统,则新系统正常工作可分为下列几种情形:

(i)原系统中至少有 $k+1$ 个元件正常工作,概率为 $p_k-C_{2k-1}^{k}p^{k}(1-p)^{k-1}$;

(ii)原系统中恰有 k 个元件正常工作,概率为 $[1-(1-p)^2]C_{2k-1}^{k}p^{k}(1-p)^{k-1}$;

(iii)原系统中恰有 $k-1$ 个元件正常工作,概率为 $p^2C_{2k-1}^{k-1}p^{k-1}(1-p)^{k}$.

$$\begin{aligned}p_{k+1}-p_k&=p^2C_{2k-1}^{k-1}p^{k-1}(1-p)^{k}+[1-(1-p)^2]C_{2k-1}^{k}p^{k}(1-p)^{k-1}-C_{2k-1}^{k}p^{k}(1-p)^{k-1}\\&=p^{k}(1-p)^{k}C_{2k-1}^{k-1}[p-(1-p)]\end{aligned}$$

即:$p\geqslant\frac{1}{2}$ 时,p_k 单调增加,增加两个元件后,能提高系统的可靠性;

$p<\frac{1}{2}$ 时,p_k 单调减少,增加两个元件后,无助于系统可靠性的提高.

解法二:(1)显然 $p_k=\sum\limits_{n=0}^{k-1}C_{2k-1}^{n}(1-p)^{2}p^{2k-1-n}$.

(2)注意到 $C_{2k+1}^{n}=C_{2k-1}^{n}+2C_{2k-1}^{n-1}+C_{2k-1}^{n-2}$,所以

$$\begin{aligned}p_{k+1}&=\sum_{n=0}^{k}C_{2k+1}^{n}(1-p)^{n}p^{2k-1-n}\\&=\sum_{n=0}^{k}(C_{2k-1}^{n}+2C_{2k-1}^{n-1}+C_{2k-1}^{n-2})(1-p)^{n}p^{2k+1-n}\\&=\sum_{n=0}^{k}C_{2k-1}^{n}(1-p)^{n}p^{2k+1-n}+2\sum_{n=0}^{k}C_{2k-1}^{n-1}(1-p)^{n}p^{2k+1-n}+\sum_{n=0}^{k}C_{2k-1}^{n-2}(1-p)^{n}p^{2k+1-n}\\&=\sum_{n=0}^{k}C_{2k-1}^{n}(1-p)^{n}p^{2k+1-n}+2\sum_{n=0}^{k}C_{2k-1}^{n-1}(1-p)^{n+1}p^{2k-n}+\sum_{n=0}^{k}C_{2k-1}^{n-2}(1-p)^{n+2}p^{2k-1-n}\\&=\sum_{n=0}^{k-1}C_{2k-1}^{n}(1-p)^{n}p^{2k-1-n}(p^2+2(1-p)p+(1-p)^2)+C_{2k-1}^{k}(1-p)^{k}p^{k+1}-C_{2k-1}^{k-1}(1-p)^{k+1}p^{k}\\&=\sum_{n=0}^{k-1}C_{2k-1}^{n}(1-p)^{n}p^{2k-1-n}+C_{2k-1}^{k}(1-p)^{k}p^{k}(p-(1-p))\end{aligned}$$

$=p_k+C_{2k-1}^{k}(1-p)^k p^k(2p-1)$

因此,当 $p\geqslant\frac{1}{2}$ 时,$\{p_k\}$ 递增,当 $p>\frac{1}{2}$ 时,$\{p_k\}$ 递减.

14. **解析** 用数学归纳法证明 $f_{2n-1}(x)=0$ 有唯一解 x_{2n-1} 且严格单调递增,$f_{2n}(x)=0$ 无实数解.

显然 $n=1$ 时,此时 $f_1(x)=1+x$ 有唯一解 $x_1=-1$,且严格单调递增,而 $f_2(x)=1+x+\frac{x^2}{2}$ 无实数解. 现在假设 $f_{2n-1}(x)=0$ 有唯一解 x_{2n-1} 且严格单调递增,$f_{2n}(x)=0$ 无实数解,于是注意到 $f'_{2n+1}(x)=f_{2n}(x)$. $f_{2n}(x)=1$ 时,对任意的 $0\leqslant k\leqslant n$ 有 $x+2k+1\leqslant 0$,于是

$$f_{2n+1}(x)=\sum_{k=0}^{n}\frac{x^{2k}}{(2k)!}+\frac{x^{2k}}{(2k+1)!}(x+2k+1)$$

所以 $f_{2n+1}(-2n-1)<0$.

又因为 $f_{2n+1}(0)=1>0$,所以由 $f_{2n+1}(x)$ 严格递增,知 $f_{2n+1}(x)=0$ 有唯一根 $0>x_{2n+1}>-2n-1$.

对于 $f_{2n+2}(x)$ 有 $f_{2n+2}(x)=f'_{2n+2}(x)=f_{2n+1}(x)$,所以在 $(-\infty,x_{2n+1})$ 上递减;在 $(x_{2n-1},+\infty)$ 上递增.

所以 $\min\limits_{x\in\mathbf{R}}f_{2n+2}(x)=f_{2n+2}(x_{2n+1})+\frac{x_{2n+1}^{2n+2}}{(2n+2)!}=\frac{x_{2n+1}^{2n+2}}{(2n+2)!}>0$.

因此,$f_{2n+2}(x)=0$ 无实数解.

综上所述,对任意正整数 n,当 n 为偶数时,$f_n(x)=0$ 无解;当 n 为奇数时,$f_n(x)=0$ 有唯一解 x_n.

再证 $x_{2n+1}<x_{2n-1}$,事实上,由 $f_{2n-1}(x)$ 的严格单调性,只需验证 $f_{2n-1}(x_{2n+1})<0$.

注意到

$$f_{2n+1}(x)-f_{2n-1}(x)=\frac{x^{2n}}{(2n)!}=\frac{x^{2n+1}}{(2n+1)!}$$

由上述归纳法证明过程,知 $x_{2n+1}>-2n-1$,所以

$$f_{2n-1}(x_{2n+1})=-\frac{x_{2n+1}^{2n}}{(2n)!}-\frac{x_{2n+1}^{2n+1}}{(2n+1)!}=-\frac{x_{2n+1}^{2n}}{(2n+1)!}(x_{2n+1}+2n+1)<0$$

因此 $x_{2n+1}<x_{2n-1}$. 综上所述,原命题得证.

15. **解析** 假设比赛了 k 场,那么由题目假设,知一场比赛出现了 2 对队友,所以 $C_n^2=2k$,也就是说 $4k=n(n-1)$,那么得到 $n=4L$ 或者 $n=4L+1$,其中 $L\in\mathbf{N}$. 下面证明,对于任意的 $n=4L$ 或者 $n=4L+1$,其中 $L\in\mathbf{N}$,都可以构造出满足要求的比赛. $n=4L+1$ 时,对于 L 使用数学归纳法:

(1)当 $L=1$ 时,$n=5$,此时假设这 5 名选手为 A,B,C,D,E,那么如下安排比赛即可

AB 与 CD,AC 与 BE,BC 与 DE,AE 与 BD,AD 与 CE

(2)设当 $L=M$ 时结论成立,则 $L=M+1$ 时,设 $4M+5$ 名选手为 $A,B,C,D,E,F_1^1,F_1^2,F_2^1,F_2^2,\cdots,F_{2M}^1,F_{2M}^2$.

由归纳假设,可以安排 $E, F_1^1, F_1^2, F_2^1, F_2^2, \cdots, F_{2M}^1, F_{2M}^2$之间的比赛,使得他们之间每两位选手作为队友恰好只参加过一次比赛.

还剩下 A, B, C, D, E 相互的比赛和 A, B, C, D 与 $F_1^1, F_1^2, F_2^1, F_2^2, \cdots, F_{2M}^1, F_{2M}^2$之间的比赛, A, B, C, D 与 $F_1^1, F_1^2, F_2^1, F_2^2, \cdots, F_{2M}^1, F_{2M}^2$之间的比赛安排如下

$$AF_i^1 \text{ 与 } BF_i^2, AF_i^2 \text{ 与 } BF_i^1, CF_i^1 \text{ 与 } DF_i^2, CF_i^2 \text{ 与 } DF_i^1 \quad (i = 1, 2, \cdots, 2M)$$

满足要求.

最后将这些比赛总计起来,就是满足要求的 $4M+5$ 位选手之间的比赛了.

由数学归纳法得证. $n=4L$ 时,对 L 使用数学归纳法,可以用类似方法证明(略).

综上所述, n 的所有可能取值是 $n=4L$ 或 $n=4L+1$,其中 $L \in \mathbf{N}$.

2011 年中国科学技术大学创新班试题
(暨华约联盟试题)数学逻辑

(注:2014 年之前,中国科学技术大学创新班随同中国科学技术大学高三自主招生一起参与华约联盟测试.)

注意事项:

1. 答卷前,考生务必将自己的姓名、准考证号填写在答题卡上.

2. 将答案写在答题卡上,写在本试卷上无效.

3. 考试结束后,将本试卷和答题卡一并交回.

一、选择题(本大题共 10 小题,每小题 3 分,在每小题给出的四个选项中,只有一项是符合题目要求的)

1. 设复数 z 满足 $|z|<1$,且 $|\bar{z}+\frac{1}{z}|=\frac{5}{2}$,则 $|z|=$ ( )

A. $\frac{4}{5}$ B. $\frac{3}{4}$ C. $\frac{2}{3}$ D. $\frac{1}{2}$

2. 在正四棱锥 $P-ABCD$ 中,M,N 分别为 PA,PB 的中点,且侧面与底面所成二面角的正切值为 $\sqrt{2}$,则异面直线 DM 与 AN 所成角的余弦值为 ( )

A $\frac{1}{3}$ B. $\frac{1}{6}$ C. $\frac{1}{8}$ D. $\frac{1}{12}$

3. 已知 $y=x^3-x^2-2x+1$,过点 $(-1,\ 1)$ 的直线 l 与该函数图像相切,且 $(-1,\ 1)$ 不是切点,则直线 l 的斜率为 ( )

A. 2 B. 1 C. -1 D. -2

4. 若 $\angle A+\angle B=\frac{2\pi}{3}$,则 $\cos^2 A+\cos^2 B$ 的最小值和最大值分别为 ( )

A. $1-\frac{\sqrt{3}}{2},\frac{3}{2}$ B. $\frac{1}{2},\frac{3}{2}$ C. $1-\frac{\sqrt{3}}{2},1+\frac{\sqrt{3}}{2}$ D. $\frac{1}{2},1+\frac{\sqrt{2}}{2}$

5. 如图 1 所示,$\odot O_1$ 和 $\odot O_2$ 外切于点 C,$\odot O_1$,$\odot O_2$ 又都和 $\odot O$ 内切,切点分别为 A,B,$\angle AOB=\alpha$,$\angle ACB=\beta$,则错误的一项为 ( )

A. $\cos\beta+\sin\frac{\alpha}{2}=0$

B. $\sin\beta-\cos\frac{\alpha}{2}=0$

C. $\sin 2\beta+\sin\alpha=0$

D. $\sin 2\beta-\sin\alpha=0$

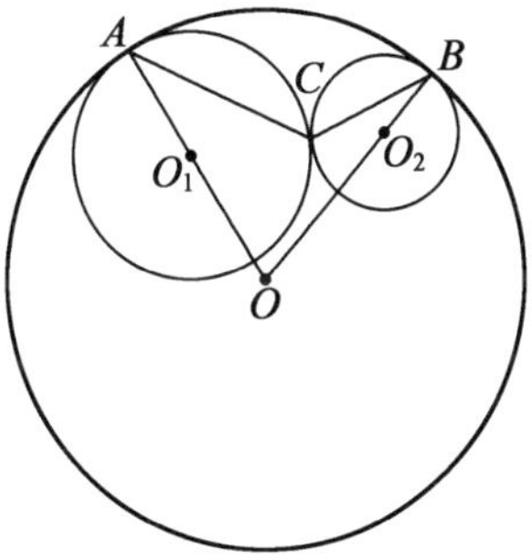

图 1

6. 已知异面直线 a,b 成 $60°$ 角，A 为空间中一点，则过 A 与 a,b 都成 $45°$ 角的平面 (　　)

A. 有且只有一个　B. 有且只有两个　C. 有且只有三个　D. 有且只有四个

7. 已知向量 $\boldsymbol{a}=(0,1)$，$\boldsymbol{b}=\left(-\frac{\sqrt{3}}{2},-\frac{1}{2}\right)$，$\boldsymbol{c}=\left(\frac{\sqrt{3}}{2},-\frac{1}{2}\right)$，$x\boldsymbol{a}+y\boldsymbol{b}+z\boldsymbol{c}=(1,1)$，则 $x^2+y^2+z^2$ 的最小值为 (　　)

A. 1　B. $\frac{4}{3}$　C. $\frac{3}{2}$　D. 2

8. AB 为过抛物线 $y^2=4x$ 的焦点 F 的弦，O 为坐标原点，且 $\angle OFA=135°$，E 为抛物线准线与 x 轴的交点，则 $\angle AEB$ 的正切值为 (　　)

A. $2\sqrt{2}$　B. $\frac{4\sqrt{2}}{5}$　C. $\frac{4\sqrt{2}}{3}$　D. $\frac{2\sqrt{2}}{3}$

9. 如图 2 所示，已知 $\triangle ABC$ 的面积为 2，D,E 分别为边 AB,AC 上的点，F 为线段 DE 上一点，设 $\frac{AD}{AB}=x$，$\frac{AE}{AC}=y$，$\frac{DF}{DE}=z$，且 $y+z-x=1$，则 $\triangle BDF$ 面积的最大值为 (　　)

A. $\frac{8}{27}$　B. $\frac{10}{27}$

C. $\frac{14}{27}$　D. $\frac{16}{27}$

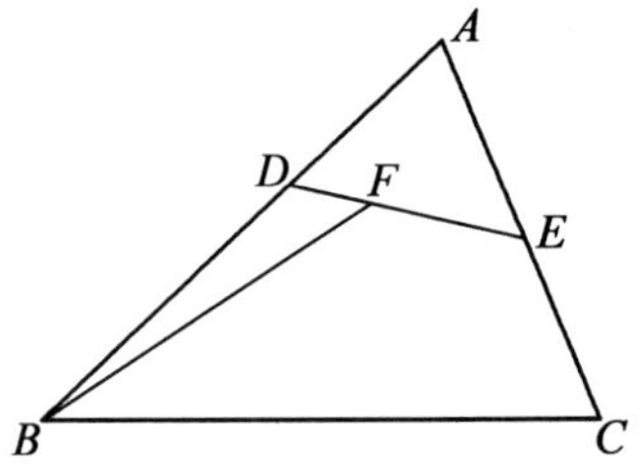

图 2

10. 一个正 11 边形用对角线划分为 9 个三角形，对角线在正 11 边形内两两不相交，则 (　　)

A. 存在某种分法，所分出的三角形都不是锐角三角形

B. 存在某种分法，所分出的三角形恰有两个锐角三角形

C. 存在某种分法，所分出的三角形至少有 3 个锐角三角形

D. 任何一种分法所分出的三角形都恰有 1 个锐角三角形

二、解答题(解答应写出文字说明，证明过程或演算步骤. 每题 14 分，共 70 分)

11. (14 分)已知 $\triangle ABC$ 不是直角三角形.

(1) 证明：$\tan A+\tan B+\tan C=\tan A\cdot\tan B\cdot\tan C$.

(2) 若 $\sqrt{3}\tan C-1=\frac{\tan B+\tan C}{\tan A}$，且 $\sin 2A,\sin 2B,\sin 2C$ 的倒数成等差数列，求 $\cos\frac{A-C}{2}$ 的值.

12.（14分）已知圆柱形水杯质量为 a g，其重心在圆柱轴的中点处（杯底厚度及重量忽略不计，且水杯直立放置）. 质量为 b g的水恰好装满水杯，装满水后的水杯的重心还在圆柱轴的中点处.

（1）若 $b=3a$，求装入半杯水的水杯的重心到水杯底面的距离与水杯高的比值；

（2）水杯内装多少克水可以使装入水后的水杯的重心最低？为什么？

13.（14分）已知函数 $f(x)=\dfrac{2x}{ax+b}$，$f(1)=1$，$f\left(\dfrac{1}{2}\right)=\dfrac{2}{3}$. 令 $x_1=\dfrac{1}{2}$，$x_{n+1}=f(x_n)$.

（1）求数列 $\{x_n\}$ 的通项公式；

（2）证明 $x_1x_2\cdots x_{n+1}>\dfrac{1}{2\mathrm{e}}$.

14.（14 分）已知双曲线 $C:\frac{x^2}{a^2}-\frac{y^2}{b^2}=1(a>0,b>0)$，$F_1,F_2$ 分别为 C 的左、右焦点. P 为 C 的右支上的一点，且使 $\angle F_1PF_2=\frac{\pi}{3}$，又有 $\triangle F_1PF_2$ 的面积为 $3\sqrt{3}a^2$.

（1）求 C 的离心率 e.

（2）设 A 为 C 的左顶点，Q 为第一象限内 C 上的任意一点，问是否存在常数 $\lambda(\lambda>0)$，使得 $\angle QF_2A=\lambda\angle QAF_2$ 恒成立. 若存在，求出 λ 的值；若不存在，请说明理由.

15.（14 分）将一枚均匀的硬币连续抛掷 n 次，以 p_n 表示未连续出现 3 次正面的概率.

（1）求 p_1,p_2,p_3,p_4；

（2）探究数列 $\{p_n\}$ 的递推公式，并给出证明；

（3）讨论数列 $\{p_n\}$ 的单调性及其极限，并阐述该极限的概率意义.

2011年中国科学技术大学创新班试题（暨华约联盟试题）数学逻辑解析

一、选择题

1. **解析** 由$|\bar{z}+\frac{1}{z}|=\frac{5}{2}$得$|z|^2+1=\frac{5}{2}|z|$，这已经转化为一个实数的方程，解得$|z|=2$（舍去），$\frac{1}{2}$. 答案为D.

2. **解析** 本题有许多条件，可以用“求解法”，即假设题中的一部分要素为已知的，利用这些条件来确定其余的要素. 本题中可假设底面边长为已知的（不妨设为2），利用侧面与底面所成二面角可确定其他要素，如正四棱锥的高等. 然后我们用两种方法，一种是建立坐标系，另一种是平移其中一条线段与另一条在一起.

解法一：如图3所示，建立空间直角坐标系，设底面边长为2，则由侧面与底面所成二面角的正切值为$\sqrt{2}$得高为$\sqrt{2}$. 则

$$A(1,-1,0),B(1,1,0),C(-1,1,0)$$
$$D(-1,-1,0),P(0,0,\sqrt{2})$$

则

$$M\left(\frac{1}{2},-\frac{1}{2},\frac{\sqrt{2}}{2}\right),N\left(\frac{1}{2},\frac{1}{2},\frac{\sqrt{2}}{2}\right)$$
$$\overrightarrow{DM}=\left(\frac{3}{2},\frac{1}{2},\frac{\sqrt{2}}{2}\right),\overrightarrow{AN}=\left(-\frac{1}{2},\frac{3}{2},\frac{\sqrt{2}}{2}\right)$$

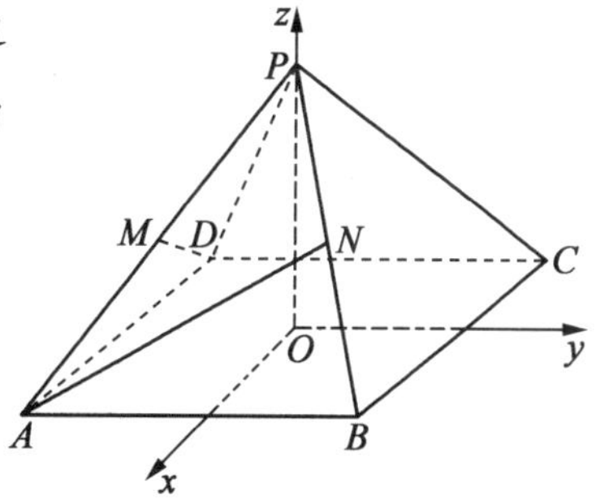

图3

设所成的角为θ，则$\cos\theta=\frac{\overrightarrow{DM}\cdot\overrightarrow{AN}}{|\overrightarrow{DM}||\overrightarrow{AN}|}=\frac{1}{6}$. 答案为B.

解法二：如图4所示，设底面边长为2，则由侧面与底面所成二面角的正切值为$\sqrt{2}$得高为$\sqrt{2}$. 平移DM与AN在一起，即平移M到N，平移D到CD的中点Q，于是$QN=DM=AN$. 因为$PA=PB=AB=2$，所以$QN=AN=\sqrt{3}$，由$AQ=\sqrt{5}$，容易算出等腰$\triangle AQN$的顶角的余弦$\cos\angle ANQ=\frac{1}{6}$. 答案为B.

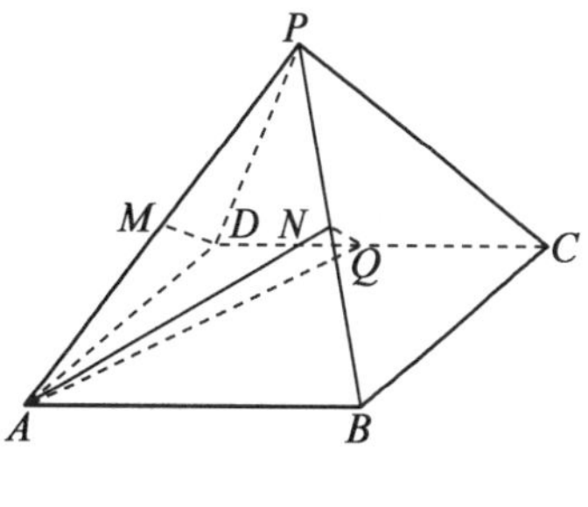

图4

解法三:如图5所示,平移 AN 与 DM 在一起,即平移 A 到 M,平移 N 到 PN 的中点 Q,则

$$AN=\sqrt{3}a, MQ=\frac{\sqrt{3}}{2}a, MD=\sqrt{3}a$$

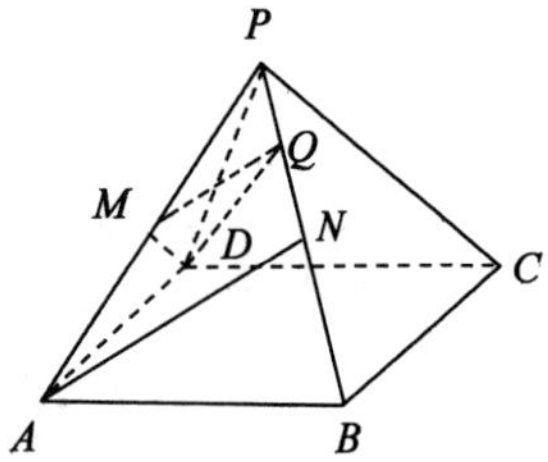

图5

因为在 Rt$\triangle PQD$ 中 $PQ=\frac{1}{2}a, PD=2a$,所以 $QD=\frac{\sqrt{17}}{2}a$,所以

$$\cos\angle QMD=\frac{MQ^2+MD^2-DQ^2}{2MQ\cdot MD}=-\frac{1}{6}\Rightarrow\frac{1}{6}(\text{取非钝角})$$

答案为 B.

3. **解析** 显然$(-1,1)$在 $y=x^3-x^2-2x+1$ 的图像上.

设切点为$(x_0,x_0^3-x_0^2-2x_0+1)$,$y'=3x^2-2x-2$,所以

$$k=3x_0^2-2x_0-2$$

另外

$$k=\frac{(x_0^3-x_0^2-2x_0+1)-1}{x_0-(-1)}=x_0(x_0-2)=3x_0^2-2x_0-2$$

所以 $x_0=1$,所以 $k=-1$. 答案为 C.

4. **解析** 首先尽可能地化简结论中的表达式 $\cos^2A+\cos^2B$,沿着两个方向:

(1)降次:把三角函数的平方去掉.

(2)去角:原来含两个角,去掉一个.

结论中的表达式可化简为

$$\cos^2A+\cos^2B=\frac{1+\cos 2A}{2}+\frac{1+\cos 2B}{2}=1+\frac{1}{2}(\cos 2A+\cos 2B)$$

$$=1+\cos(A+B)\cos(A-B)=1-\frac{1}{2}\cos(A-B)$$

答案为 B.

5. **解析** 题目中的条件是通过三个圆来给出的,有点眼花缭乱. 我们来转化一下,就可以去掉三个圆,已知条件变为:C 为 $\triangle OO_1O_2$ 的边 O_1O_2 上一点,A,B 分别为 OO_1,OO_2 延长线上的点,使得

$$O_1A=O_1C, O_2B=O_2C$$

如图6所示,联结 O_1O_2,C 在 O_1O_2 上,则

$$\angle OO_1O_2+\angle OO_2O_1=\pi-\alpha$$

$$\angle O_1AC=\angle O_1CA=\frac{1}{2}\angle OO_1O_2$$

$$\angle O_2BC=\angle O_2CB=\frac{1}{2}\angle OO_2O_1$$

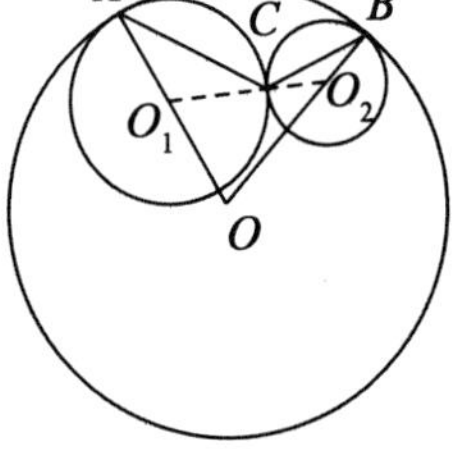

图6

故

$$\angle O_1CA+\angle O_2CB=\frac{1}{2}(\angle OO_1O_2+\angle OO_2O_1)=\frac{\pi-\alpha}{2}$$

$$\beta=\pi-(\angle O_1CA+\angle O_2CB)=\frac{\pi+\alpha}{2}$$

因此

$$\sin\beta=\sin\left(\frac{\pi}{2}+\frac{\alpha}{2}\right)=\cos\frac{\alpha}{2}$$

$$\cos\beta=\cos\left(\frac{\pi}{2}+\frac{\alpha}{2}\right)=-\sin\frac{\alpha}{2}$$

由弦切角可得

$$\angle AO_1O_2+\angle BO_2O_1=2\beta$$

另外

$$\angle AO_1O_2+\angle BO_2O_1=\pi+\alpha$$

所以

$$\sin 2\beta+\sin\alpha=0$$

综上所述,选项 A,B,C 均正确,答案为 D.

6. **解析**　已知平面过点 A,再知道它的方向,就可以确定该平面了. 因为涉及平面的方向,我们考虑它的法线,并且假设 a,b 为相交直线也没关系. 于是原题简化为:已知两条相交直线 a,b 成 $60°$ 角,求空间中过交点与 a,b 都成 $45°$ 角的直线. 可以建立简化的空间单位向量来解答,答案是 2 个. 答案为 B.

7. **解析**　由 $x\boldsymbol{a}+y\boldsymbol{b}+z\boldsymbol{c}=(1,1)$ 得

$$\begin{cases}-\frac{\sqrt{3}}{2}y+\frac{\sqrt{3}}{2}z=1\\ x-\frac{y}{2}-\frac{z}{2}=1\end{cases}\Rightarrow\begin{cases}-\frac{\sqrt{3}}{2}(y-z)=1\\ x-\frac{y+z}{2}=1\end{cases}$$

由于

$$x^2+y^2+z^2=x^2+\frac{(y+z)^2+(y-z)^2}{2}$$

可以用换元法的思想,看成关于 $x,y+z,y-z$ 三个变量的式子,变形得

$$\begin{cases}y-z=-\frac{2}{\sqrt{3}}\\ y+z=2(x-1)\end{cases}$$

代入得

$$x^2+y^2+z^2=x^2+\frac{(y+z)^2+(y-z)^2}{2}=x^2+2(x-1)^2+\frac{2}{3}$$

$$=3x^2-4x+\frac{8}{3}=3\left(x-\frac{2}{3}\right)^2+\frac{4}{3}$$

答案为 B.

8. **解析**　解法一:由题设得焦点 $F(1,0)$,$E(-1,0)$,直线 AB 的方程为 $y=x-1$. 与抛物线方程 $y^2=4x$ 联立,解得 $A(3+2\sqrt{2},2+2\sqrt{2})$,$B(3-2\sqrt{2},2-2\sqrt{2})$,于是

$$k_{EA}=\frac{2+2\sqrt{2}}{4+2\sqrt{2}}=\frac{\sqrt{2}}{2},k_{EB}=\frac{2-2\sqrt{2}}{4-2\sqrt{2}}=-\frac{\sqrt{2}}{2}$$

$$\tan\angle AEB=\frac{k_{EA}-k_{EB}}{1+k_{EA}k_{EB}}=2\sqrt{2}$$

答案为 A.

解法二:如图 7 所示,利用抛物线的定义,将原题转化为:在直角梯形 $ABCD$ 中,$\angle BAD=45°$,$EF/\!/DA$,$EF=2$,$AF=AD$,$BF=BC$,求$\angle AEB$.

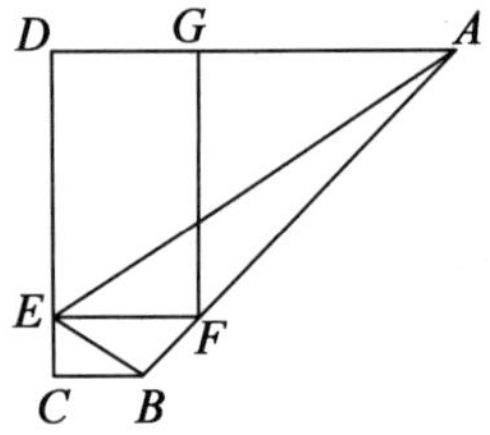

图 7

$$\tan\angle AEF=\tan\angle EAD=\frac{DE}{AD}=\frac{GF}{AF}=\frac{\sqrt{2}}{2}$$

类似地,有

$$\tan\angle BEF=\tan\angle EBC=\frac{\sqrt{2}}{2}$$

$$\angle AEB=\angle AEF+\angle BEF=2\angle AEF$$

$$\tan\angle AEB=\tan 2\angle AEF=2\sqrt{2}$$

答案为 A.

9. **解析** 解法一:如图 8 所示,联结 BE,则

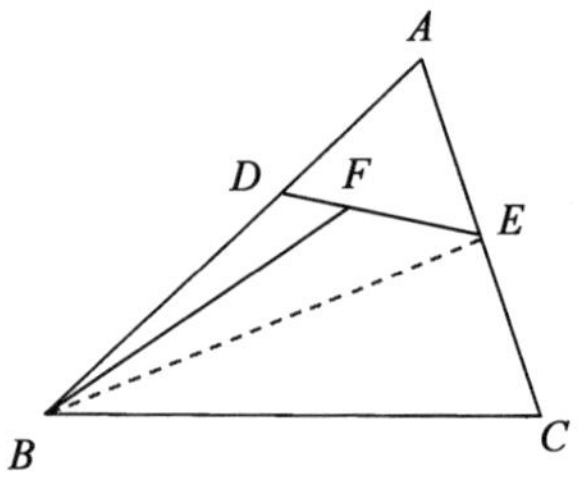

图 8

$$S_{\triangle BDF}=\frac{DF}{DE}S_{\triangle BDE}=zS_{\triangle BDE}$$

$$S_{\triangle BDE}=\frac{BD}{AB}S_{\triangle ABE}=(1-x)S_{\triangle ABE}$$

$$S_{\triangle ABE}=\frac{AE}{AC}S_{\triangle ABC}=yS_{\triangle ABC}$$

于是

$$S_{\triangle BDF}=(1-x)yzS_{\triangle ABC}=2(1-x)yz$$

将 $y+z-x=1$ 变形为 $y+z=x+1$,暂时将 x 看成常数,欲使 yz 取得最大值,必须有 $y=z=\frac{x+1}{2}$,于是

$$S_{\triangle BDF}=\frac{1}{2}(1-x)(x+1)^2$$

解这个一元函数的极值问题,当 $x=\frac{1}{3}$时,取极大值$\frac{16}{27}$. 答案为 D.

解法二:如图 8 所示,联结 BE,则

$$S_{\triangle BDF}=S_{\triangle BDE}\cdot\frac{DF}{DE}=\frac{BD}{AB}S_{\triangle ABE}\cdot\frac{DF}{DE}=\frac{AE}{AC}\cdot\frac{BD}{AB}\cdot\frac{DF}{DE}S_{\triangle ABC}=2(1-x)yz$$

由三元均值不等式有

$$(1-x)yz\leqslant\left(\frac{1-x+y+z}{3}\right)^3=\left(\frac{2}{3}\right)^3=\frac{8}{27}$$

等号成立,当且仅当 $1-x=y=z$,且 $-x+y+z=1$,即 $x=\frac{1}{3}$,$y=z=\frac{2}{3}$. 故$(S_{\triangle BDF})_{\max}=\frac{16}{27}$. 答

案为 D.

10. **解析** 我们先证明所分出的三角形中至多只有一个锐角三角形.

如图9所示,假设$\triangle ABC$是锐角三角形,我们证明另一个三角形$\triangle DEF$(不妨设在AC的另一边,其中边EF有可能与AC重合)的$\angle D$一定是钝角. 事实上,$\angle D\geqslant\angle ADC$,而四边形$ABCD$是圆内接四边形,所以$\angle ADC=180°-\angle B$,所以$\angle D$为钝角. 这样就排除了B,C.

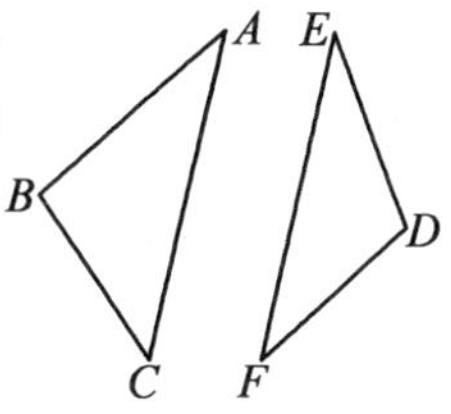

图9

下面证明所分出的三角形中至少有一个锐角三角形.

如图10所示,假设$\triangle ABC$中$\angle B$是钝角,在AC的另一侧一定还有其他顶点,我们就找在AC的另一侧的相邻的(指有公共边AC)$\triangle ACD$,则$\angle D=180°-\angle B$是锐角,如果这时$\angle D$是钝角,那么我们用同样的方法继续找下去,最后可以找到一个锐角三角形. 答案为D.

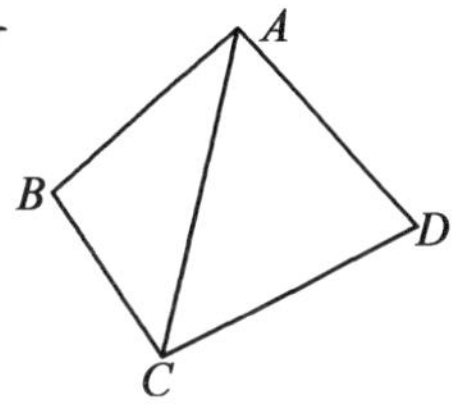

图10

二、解答题

11. **解析** (1)$\tan C=-\tan(A+B)=\dfrac{\tan A+\tan B}{\tan A\tan B-1}$,整理得

$$\tan A\tan B\tan C=\tan A+\tan B+\tan C$$

(2)由已知得

$$\sqrt{3}\tan A\tan C=\tan A+\tan B+\tan C$$

与(1)比较知$\tan B=\sqrt{3}$,$\angle B=\dfrac{\pi}{3}$. 又有

$$\frac{1}{\sin 2A}+\frac{1}{\sin 2C}=\frac{2}{\sin 2B}=\frac{2}{\sin\dfrac{2\pi}{3}}=\frac{4}{\sqrt{3}}$$

$$\frac{\sin 2A+\sin 2C}{\sin 2A\sin 2C}=\frac{4}{\sqrt{3}},\frac{\sin(A+C)\cos(A-C)}{\cos 2(A-C)-\cos 2(A+C)}=\frac{1}{\sqrt{3}}$$

因为

$$\sin(A+C)=\sin B=\frac{\sqrt{3}}{2}$$

$$\cos 2(A+C)=\cos 2B=-\frac{1}{2}$$

所以代入得

$$2\cos 2(A-C)+1=3\cos(A-C)$$

$$4\cos^2(A-C)-3\cos(A-C)-1=0$$

$$\cos(A-C)=1,-\frac{1}{4},\cos\frac{A-C}{2}=1,\frac{\sqrt{6}}{4}$$

12. **解析** 不妨设水杯高为1.

(1)这时,水杯质量:水的质量$=2:3$,水杯的重心位置(指重心到水杯底面的距离)为$\dfrac{1}{2}$,水的重心位置为$\dfrac{1}{4}$,所以装入半杯水的水杯的重心位置为

$$\frac{2\times\frac{1}{2}+3\times\frac{1}{4}}{2+3}=\frac{7}{20}$$

即装入半杯水的水杯的重心到水杯底面的距离与水杯高的比值为$\frac{7}{20}$.

(2)当装入水后的水杯的重心最低时,重心恰好位于水面上.设装 x g 水.

这时,水杯质量:水的质量 $=a:x$,水杯的重心位置为$\frac{1}{2}$,水的重心位置为$\frac{x}{2b}$,水面位置为$\frac{x}{b}$,于是

$$\frac{a\cdot\frac{1}{2}+x\cdot\frac{x}{2b}}{a+x}=\frac{x}{b}$$

解得

$$x=\sqrt{a^2+ab}-a$$

13. **解析** (1)解法一:待定系数法.

将$f(1)=1,f\left(\frac{1}{2}\right)=\frac{2}{3}$代入$f(x)=\frac{2x}{ax+b}$,得

$$\begin{cases}\dfrac{2}{a+b}=1\\ \dfrac{2\times\frac{1}{2}}{\frac{1}{2}a+b}=\dfrac{2}{3}\end{cases}$$

解得$\begin{cases}a=1\\b=1\end{cases}$. 则

$$x_{n+1}=\frac{2x_n}{x_n+1}\Rightarrow\frac{1}{x_{n+1}}=\frac{1}{2x_n}+\frac{1}{2}$$

令 $b_n=\frac{1}{x_n},b_{n+1}=\frac{1}{x_{n+1}}$,则

$$b_{n+1}=\frac{1}{2}b_n+\frac{1}{2} \qquad ①$$

令$(b_{n+1}+\lambda)=\frac{1}{2}(b_n+\lambda)$,整理得

$$b_{n+1}=\frac{1}{2}b_n-\frac{1}{2}\lambda \qquad ②$$

比较式①和式②得 $\lambda=-1$. 所以

$$b_{n+1}-1=\frac{1}{2}(b_n-1)$$

又因为 $b_1=2,b_1-1=1$,所以

$$b_n-1=(b_1-1)\cdot\left(\frac{1}{2}\right)^{n-1}=\frac{1}{2^{n-1}}$$

所以

$$b_n=\frac{1}{2^{n-1}}+1=\frac{2^{n-1}+1}{2^{n-1}}$$

即 $x_n=\frac{2^{n-1}}{2^{n-1}+1}$.

解法二:归纳法.

由 $f(1)=1, f\left(\frac{1}{2}\right)=\frac{2}{3}$ 得

$$a=b=1, f(x)=\frac{2x}{x+1}$$

先求出

$$x_1=\frac{1}{2}, x_2=\frac{2}{3}, x_3=\frac{4}{5}, x_4=\frac{8}{9}$$

猜想 $x_n=\frac{2^{n-1}}{2^{n-1}+1}$. 用数学归纳法证明.

当 $n=1$ 时,结论显然成立;

假设当 $n=k$ 时结论成立,即 $x_k=\frac{2^{k-1}}{2^{k-1}+1}$,则

$$x_{k+1}=f(x_k)=\frac{2x_k}{x_k+1}=\frac{2^k}{2^k+1}$$

得证.

(2)证明原不等式即为证明 $\frac{1}{x_1x_2\cdots x_{n+1}}<2\mathrm{e}$.

事实上

$$\frac{1}{x_1x_2\cdots x_{n+1}}=2\left(1+\frac{1}{2}\right)\left(1+\frac{1}{4}\right)\cdots\left(1+\frac{1}{2^n}\right)$$

我们注意到

$$1+2a<(1+a)^2, \cdots, 1+2^na<(1+a)^{2^n}$$

于是

$$\frac{1}{x_1x_2\cdots x_{n+1}}<2\left(1+\frac{1}{2^n}\right)^{2^{n-1}+\cdots+2+1}=2\left(1+\frac{1}{2^n}\right)^{2^n-1}<2\left(1+\frac{1}{2^n}\right)^{2^n}<2\mathrm{e}$$

注:伯努利不等式的一般形式为

$$(1+x)^n\geqslant 1+nx, x\in(-1,+\infty)$$

14. **解析** (1)由 $S_{\triangle F_1PF_2}=b^2\cot\frac{\angle F_1PF_2}{2}=3\sqrt{3}a^2$ 可得

$$b^2=3a^2, c^2=a^2+b^2=4a^2$$

所以 $e=2$.

(2)双曲线方程为 $\frac{x^2}{a^2}-\frac{y^2}{b^2}=1$.

我们首先研究当 $\angle QF_2A=90°$ 时, $Q(2a,3a)$,得 $\angle QAF_2=45°$,因此,如果存在 λ,那么也

应有$\lambda=2$.

下面求点$M(x,y)$的轨迹，点M满足

$$\angle MF_2A=2\angle MAF_2$$

$$\tan\angle MAF_2=\frac{y}{x+a},\tan\angle MF_2A=\frac{y}{c-x}=\frac{y}{2a-x}$$

由公式$\tan 2\alpha=\dfrac{2\tan\alpha}{1-\tan^2\alpha}$得

$$\frac{\dfrac{2y}{x+a}}{1-\left(\dfrac{y}{x+a}\right)^2}=\frac{y}{2a-x}$$

化简为

$$3x^2-3a^2-y^2=0$$

即$\dfrac{x^2}{a^2}-\dfrac{y^2}{3a^2}=1$，与双曲线方程完全一致. 所以存在$\lambda=2$，使得$\angle QF_2A=2\angle QAF_2$恒成立.

注：(1)此结论对于离心率e是其他值的情形不一定存在λ使得$\angle QF_2A=\lambda\angle QAF_2$；

(2)从特殊情况着手考虑，找到λ的值，再去证明；

(3)也可分析点Q在无穷远处的极限情况，即

$$AQ/\!/渐近线，\angle QAF_2\to60^\circ,QF_2/\!/渐近线，\angle QF_2A\to120^\circ$$

可得$\lambda=2$.

15. **解析** (1)显然$p_1=p_2=1,p_3=1-\dfrac{1}{8}=\dfrac{7}{8}$；投掷四次连续出现三次正面向上的情况只有：正正正正或正正正反或反正正正，故$p_4=1-\dfrac{3}{16}=\dfrac{13}{16}$.

(2)共分三种情况：①如果第n次出现反面，那么前n次不连续出现三次正面的概率是$\dfrac{1}{2}\times p_{n-1}$；②如果第$n$次出现正面，第$n-1$次出现反面，那么前$n$次不连续出现三次正面的概率和前$n-2$次不连续出现三次正面的概率是相同的，所以这个时候不连续出现三次正面的概率是$\dfrac{1}{4}\times p_{n-2}$；③如果第$n$次出现正面，第$n-1$次出现正面，第$n-2$次出现反面，那么前$n$次不连续出现三次正面的概率和前$n-3$次不连续出现三次正面的概率是相同的，所以这个时候不连续出现三次正面的概率是$\dfrac{1}{8}\times p_{n-3}$.

综上所述

$$p_n=\frac{1}{2}\times p_{n-1}+\frac{1}{4}\times p_{n-2}+\frac{1}{8}\times p_{n-3}\quad(n\geqslant4)\qquad ①$$

(3)由(2)知

$$p_{n-1}=\frac{1}{2}\times p_{n-2}+\frac{1}{4}\times p_{n-3}+\frac{1}{8}\times p_{n-4}\quad(n\geqslant5)\qquad ②$$

由①$-\dfrac{1}{2}\times$②，有

$$p_n = p_{n-1} - \frac{1}{16} \times p_{n-4} \quad (n \geqslant 5)$$

所以当 $n \geqslant 5$ 时,$\{p_n\}$ 单调递减,易见 $p_1 = p_2 > p_3 > p_4 > \cdots$.

当 $n \geqslant 3$ 时,$\{p_n\}$ 单调递减,且显然有下界 0,所以 $\{p_n\}$ 的极限存在.

对 $p_n = p_{n-1} - \frac{1}{16} \times p_{n-4}$ 两边同时取极限,可得 $\lim\limits_{n \to \infty} p_n = 0$.

其统计意义:当投掷的次数足够多时,不连续出现三次正面向上的次数非常少,其概率趋近于零.

2010 年中国科学技术大学创新班试题（暨华约联盟试题）数学逻辑

（注:2014 年之前,中国科学技术大学创新班随同中国科学技术大学高三自主招生一起参与华约联盟测试.）

注意事项:

1. 答卷前,考生务必将自己的姓名、准考证号填写在答题卡上.
2. 将答案写在答题卡上,写在本试卷上无效.
3. 考试结束后,将本试卷和答题卡一并交回.

一、选择题(本大题共 10 小题,每小题 3 分,在每小题给出的四个选项中,只有一项是符合题目要求的)

1. 设复数 $w=\left(\frac{a+\mathrm{i}}{1+\mathrm{i}}\right)^2$,其中 a 为实数,若 w 的实部为 2,则 w 的虚部为 (　　)

A. $-\frac{3}{2}$　　B. $-\frac{1}{2}$　　C. $\frac{1}{2}$　　D. $\frac{3}{2}$

2. 设向量 $\boldsymbol{a},\boldsymbol{b}$,满足 $|\boldsymbol{a}|=|\boldsymbol{b}|=1,\boldsymbol{a}\cdot\boldsymbol{b}=m$,则 $|\boldsymbol{a}+t\boldsymbol{b}|(t\in\mathbf{R})$ 的最小值为 (　　)

A. 2　　B. $\sqrt{1+m^2}$　　C. 1　　D. $\sqrt{1-m^2}$

3. 已知平面 α // 平面 β,直线 $m\subset\alpha,n\subset\beta$,点 $A\in m,B\in n,AB$ 与平面 α 的夹角为 $\frac{\pi}{4}$,$AB\perp n,AB$ 与 m 的夹角为 $\frac{\pi}{3}$,则 m 与 n 的夹角为 (　　)

A. $\frac{\pi}{3}$　　B. $\frac{\pi}{4}$　　C. $\frac{\pi}{6}$　　D. $\frac{\pi}{8}$

4. 正四棱锥 $P-ABCD$ 中,B_1 为 PB 的中点,D_1 为 PD 的中点,则两个棱锥 $A-B_1CD_1$ 与 $P-ABCD$ 的体积之比 $\frac{V_{A-B_1CD_1}}{V_{P-ABCD}}$ 为 (　　)

A. 1∶6　　B. 1∶5　　C. 1∶4　　D. 1∶3

5. 在 $\triangle ABC$ 中,三边长 a,b,c 满足 $a+c=3b$,则 $\tan\frac{A}{2}\tan\frac{C}{2}$ 的值为 (　　)

A. $\frac{1}{5}$　　B. $\frac{1}{4}$　　C. $\frac{1}{2}$　　D. $\frac{2}{3}$

6. 如图 1 所示,$\triangle ABC$ 的两条高线 AD,BE 交于 H,其外接圆圆心为 O,过 O 作 OF 垂直 BC 于 F,OH 与 AF 相交于 G,则 $\triangle OFG$ 与 $\triangle GAH$ 面积之比为 (　　)

A. 1∶4　　B. 1∶3

C. 2∶5　　D. 1∶2

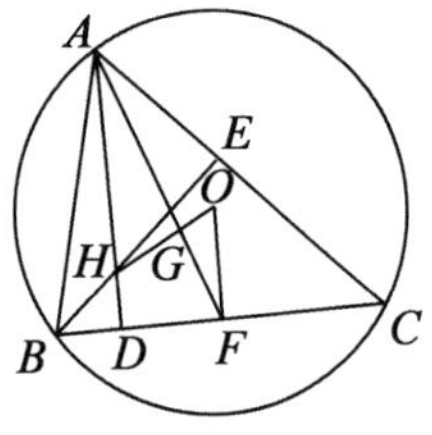

图 1

7. 设 $f(x)=\mathrm{e}^{ax}(a>0)$. 过点 $P(a,0)$ 且平行于 y 轴的直线与曲

线 $C:y=f(x)$ 的交点为 Q,曲线 C 过点 Q 的切线交 x 轴于点 R,则△PQR 的面积的最小值是 ( )

A. 1　　B. $\frac{\sqrt{2e}}{2}$　　C. $\frac{e}{2}$　　D. $\frac{e^2}{4}$

8. 设双曲线 $C_1:\frac{x^2}{a^2}-\frac{y^2}{4}=k(a>2,k>0)$,椭圆 $C_2:\frac{x^2}{a^2}+\frac{y^2}{4}=1$. 若 C_2 的短轴长与 C_1 的实轴长的比值等于 C_2 的离心率,则 C_1 在 C_2 的一条准线上截得的线段的长为 ( )

A. $2\sqrt{2+k}$　　B. 2　　C. $4\sqrt{4+k}$　　D. 4

9. 欲将正六边形的各边和各条对角线都染为 n 种颜色之一,使得以正六边形的任何 3 个顶点作为顶点的三角形有 3 种不同颜色的边,并且不同的三角形使用不同的 3 色组合,则 n 的最小值为 ( )

A. 6　　B. 7　　C. 8　　D. 9

10. 设定点 A,B,C,D 是以点 O 为中心的正四面体的顶点,用 σ 表示空间以直线 OA 为轴满足条件 $\sigma(B)=C$ 的旋转,用 τ 表示空间关于 OCD 所在平面的镜面反射,设 l 为过 AB 中点与 CD 中点的直线,用 ω 表示空间以 l 为轴的 180°旋转. 设 $\sigma\circ\tau$ 表示变换的复合,先作 τ,再作 σ. 则 ω 可以表示为 ( )

A. $\sigma\circ\tau\circ\sigma\circ\tau\circ\sigma$　　B. $\sigma\circ\tau\circ\sigma\circ\tau\circ\sigma\circ\tau$

C. $\tau\circ\sigma\circ\tau\circ\sigma\circ\tau$　　D. $\sigma\circ\tau\circ\sigma\circ\sigma\circ\tau\circ\sigma$

二、解答题(解答应写出文字说明,证明过程或演算步骤. 每题 14 分,共 70 分)

11. (14 分)在△ABC 中,已知 $2\sin^2\frac{A+B}{2}+\cos 2C=1$,外接圆半径 $R=2$.

(1)求∠C 的大小;

(2)求△ABC 面积的最大值.

12. (14 分)设 A,B,C,D 为抛物线 $x^2=4y$ 上不同的四个点，A,D 关于该抛物线的对称轴对称，BC 平行于该抛物线在点 D 处的切线 l. 设点 D 到直线 AB 和直线 AC 的距离分别为 d_1,d_2，已知 $d_1+d_2=\sqrt{2}\,|AD|$.

(1)判断$\triangle ABC$ 是锐角三角形、直角三角形、钝角三角形中的哪一种三角形，并说明理由；

(2)若$\triangle ABC$ 的面积为 240，求点 A 的坐标及直线 BC 的方程.

13. (14 分)(1)正四棱锥的体积 $V=\dfrac{\sqrt{2}}{3}$，求正四棱锥的表面积的最小值；

(2)一般地，设正 n 棱锥的体积 V 为定值，试给出不依赖于 n 的一个充分必要条件，使得正 n 棱锥的表面积取得最小值.

14.(14 分)假定亲本总体中三种基因型式 AA,Aa,aa 的比例为 $u:2v:w$($u>0,v>0,w>0,u+2v+w=1$),且数量充分多,参与交配的亲本是该总体中随机的两个.

(1)求子一代中,三种基因型式的比例.

(2)子二代的三种基因型式的比例与子一代的三种基因型式的比例相同吗?并说明理由.

15.(14 分)设函数 $f(x)=\frac{x+m}{x+1}$,且存在函数 $s=\varphi(t)=at+b\left(t>\frac{1}{2},a\neq 0\right)$,满足 $f\left(\frac{2t-1}{t}\right)=\frac{2s+1}{s}$.

(1)证明:存在函数 $t=\psi(s)=cs+d(s>0)$,满足 $f\left(\frac{2s+1}{s}\right)=\frac{2t-1}{t}$.

(2)设 $x_1=3,x_{n+1}=f(x_n),n=1,2,\cdots$. 证明:$|x_n-2|\leqslant\frac{1}{3^{n-1}}$.

2010 年中国科学技术大学创新班试题（暨华约联盟试题）数学逻辑解析

一、选择题

1. 解析

$$w=\frac{a^2-1+2a\mathrm{i}}{2\mathrm{i}}=a-\frac{a^2-1}{2}\mathrm{i}$$

$$\mathrm{Re}(w)=2\Rightarrow a=2\Rightarrow \mathrm{Im}(w)=-\frac{a^2-1}{2}=-\frac{3}{2}$$

答案为 A.

2. 解析　解法一

$$|\boldsymbol{a}+t\boldsymbol{b}|=\sqrt{|\boldsymbol{a}|^2+t^2|\boldsymbol{b}|^2+2t\boldsymbol{ab}}$$

$$=\sqrt{t^2+1+2mt}=\sqrt{(t+m)^2+1-m^2}$$

$$|\boldsymbol{a}+t\boldsymbol{b}|_{\min}=\sqrt{1-m^2}$$

答案为 D.

解法二：作图，找最短路径，因为 $\cos\alpha=m$，所以最小值为 $\sqrt{1-m^2}$. 答案为 D.

3. 解析　设 B 在平面 α 内的射影为 C，则

$$m\perp AB, m\subset\alpha\Rightarrow m\perp AC$$

将 n 平移过点 A，由于 $\alpha/\!/\beta$，所以 $n\subset\alpha$.

如图 2 所示，在平面 α 内过 C 做 $CD\perp n$，垂足为 D，则

$$\cos\angle BAD=\cos\angle BAC\cdot\cos\angle CAD$$

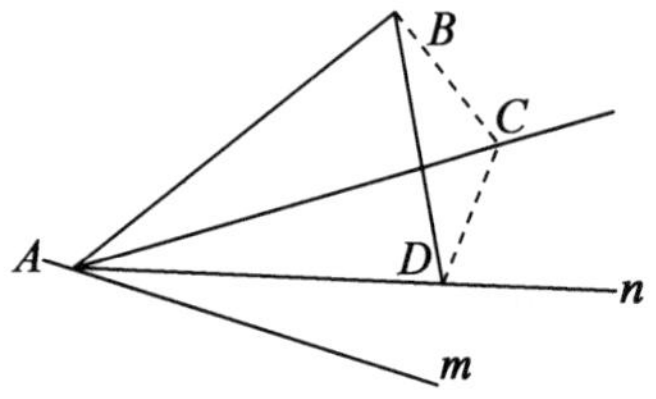

图 2

则

$$\angle BAC=\frac{\pi}{4},\angle BAD=\frac{\pi}{3}\Rightarrow\angle CAD=\frac{\pi}{4}$$

因为 $m\perp AC$，所以 m 与 n 所成的角为 $\frac{\pi}{4}$. 答案为 B.

4. 解析　解法一：设四棱锥 $P-ABCD$ 的体积为 V_0，如图 3 所示，因为

$$V_{ABC-B_1}+V_{ACD-D_1}=\frac{1}{3}S_{\triangle ABC}\cdot\frac{h}{2}+\frac{1}{3}S_{\triangle ABC}\cdot\frac{h}{2}=\frac{h}{6}S_{ABCD}=\frac{V_0}{2}$$

$$V_{AB_1D_1-P}+V_{CB_1D_1-P}=\frac{PB_1}{PB}\cdot\frac{PD_1}{PD}\cdot V_{ABC-P}+\frac{PB_1}{PB}\cdot\frac{PD_1}{PD}\cdot V_{BCD-P}=\frac{V_0}{4}$$

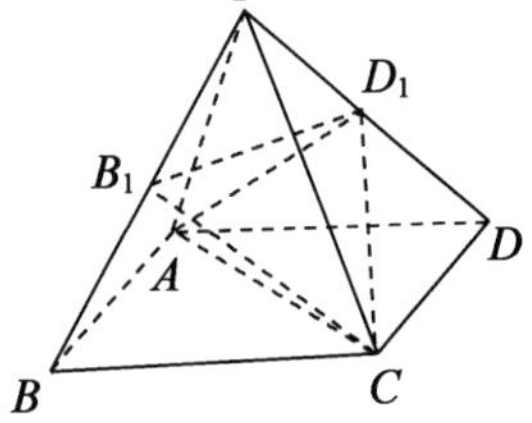

图 3

所以

$$V_{AB_1C-D_1}=V_0-(V_{ABC-B_1}+V_{ACD-D_1}+V_{AB_1D_1-P}+V_{CB_1D_1-P})=\frac{V_0}{4}$$

答案为 C.

解法二:如图4所示,底面 $ABCD$ 的中点为 O,因为 B_1,D_1 为中点,所以易得 $\dfrac{S_{B_1D_1O}}{S_{PAD}}=\dfrac{1}{4}$,所以

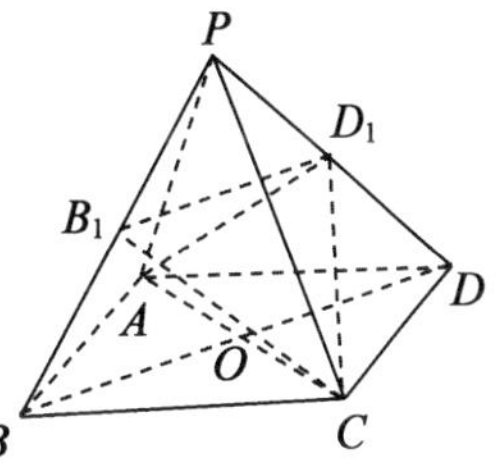

图4

$$\frac{V_{B_1D_1O-C}}{V_{PBD-C}}=\frac{S_{B_1D_1O}\cdot h}{S_{PBD}\cdot h}=\frac{1}{4}$$

同理

$$\frac{V_{B_1D_1O-A}}{V_{PBD-A}}=\frac{S_{B_1D_1A}\cdot h'}{S_{PBA}\cdot h'}=\frac{1}{4}$$

$$\frac{V_{A-B_1CD_1}}{V_{P-ABCD}}=\frac{V_{B_1D_1O-C}+V_{B_1D_1O-A}}{V_{PBD-C}+V_{PBD-A}}=\frac{1+1}{4+4}=\frac{1}{4}$$

答案为 C.

5. **解析**

$$a+c=3b\Leftrightarrow\sin A+\sin C=3\sin B=3\sin(A+C)$$

$$\Leftrightarrow 2\sin\frac{A+C}{2}\cos\frac{A-C}{2}=6\sin\frac{A+C}{2}\cos\frac{A+C}{2}$$

$$\Rightarrow\cos\frac{A-C}{2}=3\cos\frac{A+C}{2}\text{或}\sin\frac{A+C}{2}=0=\cos\frac{B}{2}$$

$$\Rightarrow B=\pi(\text{舍去})$$

$$\tan\frac{A}{2}\tan\frac{C}{2}=\frac{\sin\frac{A}{2}\sin\frac{C}{2}}{\cos\frac{A}{2}\cos\frac{C}{2}}=\frac{\cos\frac{A-C}{2}-\cos\frac{A+C}{2}}{\cos\frac{A-C}{2}+\cos\frac{A+C}{2}}=\frac{3-1}{3+1}=\frac{1}{2}$$

答案为 C.

6. **解析** 解法一:垂心定理(第3条):垂心到三角形一顶点距离为此三角形外心到此顶点对边距离的2倍.立即求得答案为 A.

解法二:易知 $\triangle AGH\backsim\triangle FGO$,则

$$AH=\frac{AE}{\sin C}=\frac{AB\cos A}{\sin C}=2R\cos A,OF=R\cos A\Rightarrow AH=2OF$$

所以 $S_{\triangle AGH}:S_{\triangle FGO}=4:1$.答案为 A.

解法三:若知道三角形中的欧拉线,则 O,G,H 共线,且 $\overrightarrow{GH}=2\overrightarrow{OG}$,则显然答案为 A.

7. **解析** 将 $x=a$ 带入曲线 C,得点 $Q(a,e^{a^2})$.因为

$$f'(x)=ae^{ax}$$

所以点 Q 处的切线为

$$y-e^{a^2}=ae^{a^2}(x-a)$$

令 $y=0$,得 $x=a-\dfrac{1}{a}$,即 $R\left(a-\dfrac{1}{a},0\right)$.因为

$$S_{\triangle PQR}=\frac{1}{2}|PR|\cdot|PQ|=\frac{1}{2}\cdot\frac{1}{a}e^{a^2}=\frac{e^{a^2}}{2a}=g(a)$$

$$g'(a)=\frac{4a^2e^{a^2}-2e^{a^2}}{4a^2}=\frac{(2a^2-1)e^{a^2}}{2a^2}$$

所以易得当 $a=\dfrac{\sqrt{2}}{2}$ 时,$g(a)_{\min}=\dfrac{\sqrt{e}}{\sqrt{2}}=\dfrac{\sqrt{2e}}{2}$.答案为 B.

8. **解析**　由题设知

$$a_1=a\sqrt{k},b_1=2\sqrt{k},a_2=a,b_2=2$$

$$\frac{2b_2}{2a_1}=\frac{c_2}{a_2}\Rightarrow\frac{2}{a\sqrt{k}}=\frac{\sqrt{a^2-4}}{a}\Rightarrow 4=k(a^2-4)$$

将椭圆 C_2 的一条准线 $x=\frac{a_2^2}{c_2}=\frac{a^2}{\sqrt{a^2-4}}$ 代入 C_1,得

$$\frac{a^2}{a^2-4}-\frac{y^2}{4}=k\Rightarrow y^2=4\cdot\frac{a^2-k(a^2-4)}{a^2-4}=4$$

$$\Rightarrow 线段长=2|y|=4$$

答案为 D.

9. **解析**　边和对角线总数 $C_6^2=15$ 条,三角形有 $C_6^3=20$ 个. 由 $C_n^3\geqslant 20$ 得 $n\geqslant 6$. 则当 $n=6$ 时,每个三色组恰好对应一个三角形,这时至少有 3 条线段为同一种颜色,且这些线段没有公共端点(否则存在三角形含同色边),含这种颜色边的三角形有 12 个,而余下 5 种颜色的二色组为 $C_5^2=10<12$,所以不存在. 所以 $n\geqslant 7$. 当 $n=7$ 时,如图 5 所示,答案为 B.

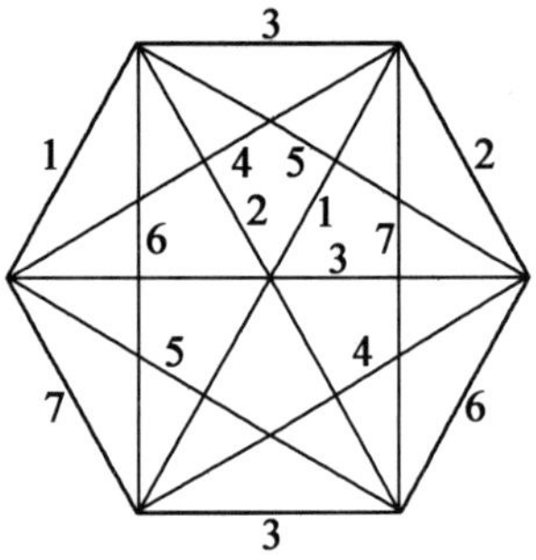

图5

10. **解析**　把题目转化为用正方体来刻画正四面体,如图 6 所示.

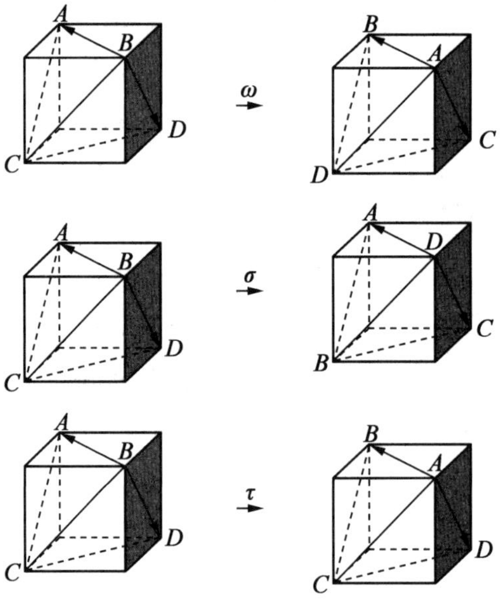

图6

答案为 D.

二、解答题

11. **解析**

(1)由 $2\sin^2\frac{A+B}{2}+\cos 2C=1$ 得

$$2\cos^2\frac{C}{2}-1=-\cos 2C$$

所以

$$\cos C=-(2\cos^2 C-1)$$

即

$$2\cos^2 C+\cos C-1=0$$
$$(2\cos C-1)(\cos C+1)=0$$

因为 $\angle C$ 为 $\triangle ABC$ 的内角,所以

$$\cos C+1\neq 0$$

所以

$$2\cos C-1=0$$

$$\cos C=\frac{1}{2}$$

$$\angle C=\frac{\pi}{3}$$

(2)$c=2R\sin C=4\times\frac{\sqrt{3}}{2}=2\sqrt{3}$. 由余弦定理得

$$c^2=a^2+b^2-2ab\cos C$$

即

$$12=a^2+b^2-ab$$

又因为

$$a^2+b^2-ab\geqslant 2ab-ab=ab$$

所以

$$ab\leqslant 12$$

所以有

$$S_{\triangle ABC}=\frac{1}{2}ab\sin C=\frac{\sqrt{3}}{4}ab\leqslant\frac{\sqrt{3}}{4}\times 12=3\sqrt{3}$$

当且仅当 $a=b$,即 $\triangle ABC$ 为等边三角形时,$\triangle ABC$ 的面积取得最大值 $3\sqrt{3}$.

12. **解析** (1)设点 $A\left(x_0,\frac{1}{4}x_0^2\right)$,$B\left(x_1,\frac{1}{4}x_1^2\right)$,$C\left(x_2,\frac{1}{4}x_2^2\right)$,则点 $D(-x_0,\frac{1}{4}x_0^2)$.

由 $y'=\frac{1}{2}x$ 可知点 D 处切线的斜率 $k=-\frac{1}{2}x_0$,因此可以设直线 BC 的方程为

$$y=-\frac{1}{2}x_0x+b$$

把 $y=\frac{1}{4}x^2$ 代入,整理得

$$x^2+2x_0x-4b=0$$

所以

$$x_1+x_2=-2x_0$$

因为 AB,AC 都不平行于 y 轴，所以直线 AB 和 AC 的斜率之和为

$$k_{AB}+k_{AC}=\frac{\frac{1}{4}(x_1^2-x_0^2)}{x_1-x_0}+\frac{\frac{1}{4}(x_2^2-x_0^2)}{x_2-x_0}=(x_1+x_2+2x_0)=0$$

由此可知直线 AB,AC 的倾斜角互补，又因为 AD 平行于 x 轴，所以 AD 平分 $\angle CAB$.

如图7所示，作 $DE\perp AB,DF\perp AC,E,F$ 为垂足，则由 $\triangle ADE\cong\triangle ADF$ 可得 $|DE|=|DF|$. 由已知 $|DE|+|DF|=\sqrt{2}|AD|$，可得

$$|DE|=\frac{\sqrt{2}}{2}|AD|$$

所以

$$\angle DAE=\angle DAF=45°$$

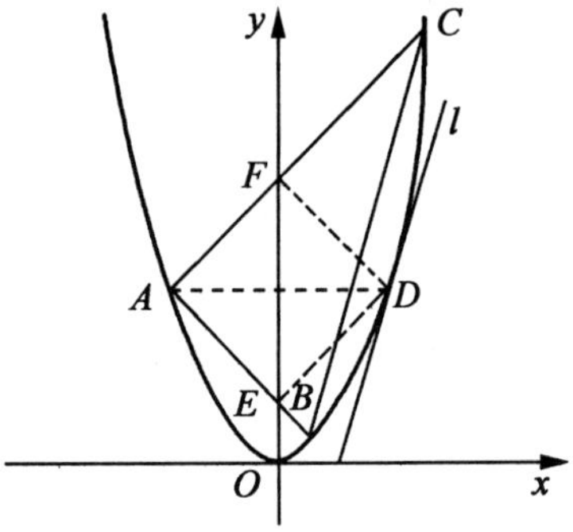

图7

所以 $\angle CAB=90°$，即 $\triangle ABC$ 为直角三角形.

(2)根据(1)中的结果，可以设直线 AB 和 AC 的方程分别为

$$y-\frac{1}{4}x_0^2=-(x-x_0),y-\frac{1}{4}x_0^2=x-x_0$$

把 $y=\frac{1}{4}x^2$ 分别代入，得

$$x^2+4x-x_0^2-4x_0=0,x^2-4x-x_0^2+4x_0=0$$

所以

$$|AB|=2\sqrt{2}|x_0+2|,|AC|=2\sqrt{2}|x_0-2|$$

由已知可知

$$\frac{1}{2}|AB||AC|=240$$

即

$$\frac{1}{2}\times 8|x_0^2-4|=240$$

解得 $x_0=\pm 8$，所以点 $A(8,16)$ 或 $A(-8,16)$. 当取点 $A(-8,16)$ 时，求得点 $B(4,4)$，又因为 BC 斜率为 $-\frac{1}{2}x_0=4$，所以直线 BC 的方程为 $y-4=4(x-4)$，即 $4x-y-12=0$.

同理，当取点 $A(8,16)$ 时，直线 BC 方程为 $4x+y+12=0$.

13. **解析** (1)解法一：设正四棱锥的底面正方形的边长为 $2a$，高为 h. 则正四棱锥的体积为

$$V=\frac{4}{3}a^2h=\frac{\sqrt{2}}{3}$$

正四棱锥的表面积为

$$S=4(a^2+a\sqrt{a^2+h^2})$$

从而

$$S^3=\frac{2S^3}{9V^2}=8\left(\frac{a}{h}\right)^2\left(1+\sqrt{1+\left(\frac{h}{a}\right)^2}\right)^3$$

令 $t=\left(\frac{h}{a}\right)^2$,设 $f(t)=\frac{1}{t}(1+\sqrt{1+t})^3$,$t>0$,则

$$f'(t)=\frac{(1+\sqrt{1+t})^2}{2t^2\sqrt{1+t}}(t-2-2\sqrt{1+t})$$

令 $f'(t)=0$,解得 $t=8$. 因为当 $0<t<8$ 时,$f'(t)<0$;当 $t>8$ 时,$f'(t)>0$. 所以当 $t=8$ 时 $f(t)$ 取得最小值 $f(8)=8$.

正四棱锥的表面积的最小值为4.

解法二:设正四棱锥底面正方形的边为 AB,高为 h,顶点为 P,且 $AB=2a$,则

$$V=\frac{1}{3}\times4a^2\cdot h=\frac{\sqrt{2}}{3}\Rightarrow h=\frac{\sqrt{2}}{4a^2},PB=\sqrt{\frac{1}{8a^4}+2a^2}$$

取 AB 中点 E,则

$$PE=\sqrt{\frac{1}{8a^4}+a^2}$$

$$y=4a^2+4\times\frac{1}{2}\times2a\cdot\sqrt{\frac{1}{8a^4}+a^2}\Rightarrow(y-4a^2)^2=2\left(8a^4+\frac{1}{a^2}\right)\Rightarrow y^2=8a^2y+\frac{2}{a^2}$$

所以

$$y^2=8a^2y+\frac{2}{a^2}\geqslant2\sqrt{8a^2y\cdot\frac{2}{a^2}}=8\sqrt{y}$$

所以

$$(\sqrt{y})^4\geqslant8\sqrt{y}$$

所以

$$\sqrt{y}\geqslant2\Rightarrow y\geqslant4$$

(2)解法一:由(1)知,当 $\left(\frac{h}{a}\right)^3=8$ 时,正棱锥的表面积取得最小值.由正棱锥的表面积与底面积之比为4:1,可知使正棱锥的表面积取得最小值的一个充分必要条件是:正棱锥的表面积是底面积的4倍(或者说正 n 棱锥的侧面与底面成的二面角为 $\arccos\frac{1}{3}$).

解法二:设正 n 棱锥的一个侧面的面积为 s,侧面与地面所成的角为 $\theta\left(0<\theta<\frac{\pi}{2}\right)$,底面外接圆的半径为 r,正 n 棱锥的侧面积为 S,棱锥的高 $h=r\cos\frac{\pi}{n}\tan\theta$. 于是

$$\begin{aligned}\frac{V}{n}&=\frac{1}{3}\cdot r^2\sin\frac{\pi}{n}\cos\frac{\pi}{n}\cdot r\cos\frac{\pi}{n}\tan\theta\\&=\frac{1}{3}\cdot\frac{\left(\frac{1}{2}r^2\sin\frac{2\pi}{n}\right)^2}{r\sin\frac{\pi}{n}}\tan\theta=\frac{1}{3}\cdot\frac{s^2\cos^2\theta}{r\sin\frac{\pi}{n}}\tan\theta\end{aligned}$$

则

$$\frac{V}{n}=\frac{s^2\sin\theta\cos\theta}{3r\sin\frac{\pi}{n}} \qquad ①$$

又有
$$s\cos\theta=\frac{1}{2}r^2\sin\frac{2\pi}{n} \quad ②$$

式①^2 ×②得 $s=\sqrt[3]{\dfrac{9V^2\tan\frac{\pi}{n}}{n^2\cos\theta\sin^2\theta}}$，于是

$$S=ns(1+\cos\theta)=n\sqrt[3]{\frac{9V^2\tan\frac{\pi}{n}}{n^2}}\cdot\sqrt[3]{\frac{(1+\cos\theta)^2}{\cos\theta(1-\cos\theta)}}$$
$$=n\sqrt[3]{\frac{9V^2\tan\frac{\pi}{n}}{n^2}}\cdot\sqrt[3]{\frac{(1+x)^2}{x(1-x)}}\quad(x=\cos\theta)$$

易得 $f(x)=\dfrac{(1+x)^2}{x(1-x)}(0<x<1)$ 当 $x=\dfrac{1}{3}$ 时取得最小值8.

所以当且仅当正 n 棱锥的侧面与底面所成的角为 $\arccos\dfrac{1}{3}$ 时，正 n 棱锥的表面积取得最小值，最小值为 $2n\sqrt[3]{\dfrac{9V^2\tan\frac{\pi}{n}}{n^2}}$.

14. **解析** (1)参与交配的两个亲本(一个称为父本，一个称为母本)的基因型式的情况，及相应情况发生的概率和相应情况下子一代的基因型式为AA，Aa，aa的概率如表1.

表1

父本、母本的基因型式	相应情况出现的概率	子一代基因为 AA 的概率	子一代基因为 Aa 的概率	子一代基因为 aa 的概率
父AA母AA	u^2	1	0	0
父AA母Aa	$2uv$	$\frac{1}{2}$	$\frac{1}{2}$	0
父AA母aa	uw	0	1	0
父Aa母AA	$2uv$	$\frac{1}{2}$	$\frac{1}{2}$	0
父Aa母Aa	$4v^2$	$\frac{1}{4}$	$\frac{1}{2}$	$\frac{1}{4}$
父Aa母aa	$2vw$	0	$\frac{1}{2}$	$\frac{1}{2}$
父aa母AA	uw	0	1	0
父aa母Aa	$2vw$	0	$\frac{1}{2}$	$\frac{1}{2}$
父aa母aa	w^2	0	0	1

子一代的基因型式为AA的概率为
$$p_1=u^2\times1+2uv\times\frac{1}{2}+2uv\times\frac{1}{2}+4v^2\times\frac{1}{4}=(u+v)^2$$

由对称性知子一代的基因型式为 aa 的概率为

$$p_3=(v+w)^2$$

子一代的基因型式为 Aa 的概率为

$$\begin{aligned}p_2&=2uv\times\frac{1}{2}+uw\times1+2uv\times\frac{1}{2}+4v^2\times\frac{1}{2}+2vw\times\frac{1}{2}+uw\times1+2vw\times\frac{1}{2}\\&=2(uv+uw+v^2+vw)\\&=2(u+v)(v+w)\end{aligned}$$

若记 $p=u+v,q=v+w$,则 $p>0,q>0$, $p+q=1$,子一代中三种基因型式 AA,Aa,aa 的比例为 $p^2:2pq:q^2$.

(2)由(1)可知子二代的基因型式为 AA,Aa,aa 的比例为 $\alpha^2:2\alpha\beta:\beta^2$,其中

$$\alpha=p^2+pq,\beta=pq+q^2$$

由 $p+q=1$,可得 $\alpha=p,\beta=q$.

故子二代中三种基因型式 AA,Aa,aa 的比例为 $p^2:2pq:q^2$,与子一代中基因型式的比例相同.

15.**解析** (1)由于$f\left(\frac{2t-1}{t}\right)=\frac{2s+1}{s}$,将 $s=at+b$ 代入,化简得

$$a(m-4)t^2+[b(m-4)+a-3]t+(b+1)=0$$

由等式对所有 $t>\frac{1}{2}$成立,可知

$$\begin{cases}b+1=0\\b(m-4)+a-3=0\\a(m-4)=0\end{cases}$$

解得 $b=-1,m=4,a=3$,所以

$$f(x)=\frac{x+4}{x+1}$$

令$f\left(\frac{2s+1}{s}\right)=\frac{2t-1}{t}$,代入 $t=cs+d$,化简得

$$cs+d=3s+1$$

所以存在 $t=\psi(s)=3s+1(s>0)$,使得$f\left(\frac{2s+1}{s}\right)=\frac{2t-1}{t}$.

(2)令 $s_1=1$,则

$$t_1=\psi(s_1)=3s_1+1=4$$
$$s_{n+1}=\varphi(t_n)=3t_n-1$$
$$t_{n+1}=\psi(s_{n+1})=3s_{n+1}+1\quad(n=1,2,\cdots)$$

注意到 $x_1=\frac{2s_1+1}{s_1}$,由(1)知

$$x_{2n-1}=\frac{2s_n+1}{s_n},x_{2n}=\frac{2t_n-1}{t_n}\quad(n=1,2,\cdots)$$
$$s_{n+1}=3t_n-1=9s_n+2$$

化为

$$s_{n+1}+\frac{1}{4}=9\left(s_n+\frac{1}{4}\right)$$

可知

$$s_n=\frac{1}{4}(5\times 3^{2n-2}-1)$$

$$t_n=3s_n+1=\frac{1}{4}(5\times 3^{2n-1}+1)$$

从而

$$x_{2n-1}=2+\frac{1}{s_n}=2+\frac{4}{5\times 3^{2n-2}-1}$$

$$x_{2n}=2-\frac{1}{t_n}=2-\frac{4}{5\times 3^{2n-1}+1}$$

统一写为

$$x_n=2+(-1)^{n+1}\frac{4}{5\times 3^{n-1}+(-1)^n}\quad (n=1,2,\cdots)$$

从而有

$$|x_n-2|=\frac{4}{4\times 3^{n-1}+[3^{n-1}+(-1)^n]}\leqslant\frac{1}{3^{n-1}}$$

2009 年中国科学技术大学招收保送生数学面试试题

2009 年中国科学技术大学招收保送生数学面试试题第一组题

1. 证明:若正整数 m 与 n 都可以表示为两个完全平方数的和,则 mn 也可以表示为两个完全平方数的和.

2. 设 $f(x)=|x-a_1|+|x-a_2|-|x-a_3|-|x-a_4|$,其中 (a_1,a_2,a_3,a_4) 是 1,2,3,4 的某种排列. 若 $f(x)$ 是非减函数,且 $f(x)=0$ 有唯一解,则集合 $\{a_1,a_2\}=$________.

2009 年中国科学技术大学招收保送生数学面试试题第二组题

1. 在边长为 1 的正方形中内接一个边长为 a,b,c,d 的四边形. 求证: $2\leqslant a^2+b^2+c^2+d^2\leqslant 4$.

2009 年中国科学技术大学招收保送生数学面试试题第三组题

1. 计算: $\frac{1}{\log_2 36}+\frac{1}{\log_3 36}$.

2. 求证: 对所有的正整数 n, 2^{n+1} 是 $[(\sqrt{3}+1)^{2n}]$ 的因子. 其中 $[x]$ 表示不小于 x 的最小整数.

2009 年中国科学技术大学招收保送生数学面试试题第四组题

1. 令自然数 $n>1$,求证:$1^1\times2^2\times3^3\times\cdots\times n^n<\left(\frac{2n+1}{3}\right)^{\frac{n(n+1)}{2}}$.

2. 设 $x_1,x_2,\cdots,x_n$ 取 1 或 2. 记 $y_1=x_1+x_2+\cdots+x_n$,$y_2=x_1^2+x_2^2+\cdots+x_n^2$,试用 y_1,y_2 来表示 $y_k=x_1^k+x_2^k+\cdots+x_n^k$,$k=1,2,\cdots$.

2009 年中国科学技术大学招收保送生数学面试试题第五组题

1. 解方程 $x^3-[x]=6$,其中$[x]$表示不超过 x 的最大整数.

2. 设函数$f(x)$可导，且只有一个极值点.
(1)求$f(f(x))$可能的极值点的个数；
(2)若$f(x)$只是连续函数，结论是否还成立？

2009 年中国科学技术大学招收保送生数学面试试题第六组题

1. 设a,b为实常数，三个二次多项式$f(x)=3x^2-ax-b$，$g(x)=x^2+bx-8$，$h(x)=bx^2-5x+2$有公共根，求a,b.

2. 设$f:[0,1]\to[0,1]$是连续映射，则存在$x_0\in[0,1]$使得$f(x_0)=x_0$.
注意：教师面试时要从上述问题引出不动点定理，让学生证明该定理.

2009 年中国科学技术大学招收保送生数学面试试题第七组题

1. 三角形的三边之长和内切圆直径形成某个等差数列的相连 4 项，试找出所有这样的三角形.

2. (1)若 $a^2<3b$，则实系数多项式方程 $x^3+ax^2+bx+c=0$ 仅有一个实根；
(2)若 $3a^2<8b$，则实系数多项式方程 $x^4+ax^3+bx^2+cx+d=0$ 最多有两个实根.

2009 年中国科学技术大学招收保送生数学面试试题第八组题

1. 比较函数 $\sin(\cos x)$ 与 $\cos(\sin x)$ 的大小.

2. 两个多边形 A 与 B 称为“组成相等”，如果把其中一个多边形 A 经过有限次裁剪可以拼成另一个多边形 B. 证明：

(1) 若多边形 A 与 B 组成相等，B 与 C 组成相等，则 A 与 C 组成相等；

(2) 一个三角形与一个与它面积相等的矩形是组成相等的；

(3) 同底等积的两个平行四边形组成相等；

(4) 面积相等的两个矩形组成相等；

(5) 任意多边形与一个与它等积的矩形组成相等；

(6) 任意两个等积的多边形组成相等.

2009 年中国科学技术大学招收保送生数学面试试题第九组题

1. (1) 平面上 n 个圆将平面最多分为几个部分？

(2) 球面上 n 个圆将球面最多分为几个部分？

(3) 空间中 n 个球将空间最多分为几个部分？

2. 设$f(x)=x^4+ax^3+bx^2+cx+d$,这里 a,b,c,d 是实数.

(1)已知方程$f(x)=0$ 有 4 个相异的实根,$f'(x)$是函数$f(x)$的导函数,求方程$f'(x)$的实根的个数;

(2)如果方程$f(x)=0$ 与方程$f''(x)$有两个相异的根重合,证明:存在实数 x_0 满足$f(x+x_0)=f(x_0-x)$,这里$f''(x)$是函数的二阶导函数.

2009 年中国科学技术大学招收保送生数学面试试题第十组题

1. 设多面体有 F 个面、V 个顶点以及 E 条棱. 证明:多面体诸角(每个面的多边形内角)之和为$2(E-F)\pi$.

2. 设 $a_1,a_2,\cdots,a_n(n\geqslant 2)$是两两不同的实数,集合 $S=\{a_1,a_2,\cdots,a_n\}$满足对任意 $i\neq j$,$a_i-a_j\in S$ 或者 $a_j-a_i\in S$ 必有一个成立. 证明:

(1)$a_1,a_2,\cdots,a_n\geqslant 0$ 或者 $a_1,a_2,\cdots,a_n\leqslant 0$ 必有一个恒成立;

(2)$a_1,a_2,\cdots,a_n$ 排序后构成一个等差数列.

2009 年中国科学技术大学招收保送生数学面试试题第十一组题

1. 甲、乙二人互相独立地从正方形的四个顶点中各取两个顶点连成直线，求这两条直线相互垂直的概率. 甲、乙二人相互独立地从正方形的 4 个顶点中各取三个顶点连成三角形，求所得的两个三角形全等的概率.

2. 坐标平面上的四个互不相同的点 A,B,C,D 满足

$$\overrightarrow{OA}+\overrightarrow{OB}+\overrightarrow{OC}+\overrightarrow{OD}=\mathbf{0},|\overrightarrow{OA}|=|\overrightarrow{OB}|=|\overrightarrow{OC}|=|\overrightarrow{OD}|$$

证明:A,B,C,D 为某个长方形的顶点.

2009 年中国科学技术大学招收保送生数学面试试题第十二组题

1. 求函数$\left(\sin^2x+\dfrac{1}{\sin^2x}\right)^2+\left(\cos^2x+\dfrac{1}{\cos^2x}\right)^2$ 在$\left(0,\dfrac{\pi}{2}\right)$上的最小值.

2. 设 m,n 是正整数，在圆周上标注 m 个红点和 n 个黑点，就得到内部不相交的 $m+n$ 条弧. 证明：在这 $m+n$ 条弧中，端点颜色不相同的弧一定有偶数条.

2009 年中国科学技术大学招收保送生数学面试试题第十三组题

1. 设$f(x)=x^n+a_{n-x}x^{n-1}+\cdots+a_1x+a_0$是实系数 n 次多项式.

(1)如果 n 是奇数,证明$f(x)=0$一定有一个实根;

(2)如果 n 是偶数,且$f(x)=0$有一个实根,问$f(x)=0$至少有几个实根(重根需要计算重数)?

2. 设 $a_1,a_2,\cdots,a_n(n\geqslant 2)$是不全为零的实数,且 $a_1+a_2+\cdots+a_n=0$. 证明:存在 $a_1,a_2,\cdots,a_n$ 的重排 $b_1,b_2,\cdots,b_n$,满足 $b_1+2b_2+\cdots+nb_n=0$.

2009 年中国科学技术大学招收保送生数学面试试题第十四组题

1. 空间中有两张平面 Π_1 和 Π_2,其中 Π_1 透明,Π_2 为白色不透明,在空间中放置一个点光源 P.

(1)如果 Π_1 与 Π_2 平行且 Π_1 位于 Π_2 的上方,点 P 位于平面 Π_1 的上方,问:平面 Π_2 上的椭圆、抛物线、双曲线等在平面 Π_2 上的映像是什么?

(2)如果 Π_1 与 Π_2 相交(或者简单一点,考虑 Π_1 与 Π_2 垂直),点 P 不落在两个平面上,问平面 Π_1 上的椭圆、抛物线、双曲线等在平面 Π_2 上的映像是什么?

2. 定义一个从复数集合 $\mathbf{C}$ 到坐标平面 $\mathbf{R}^2$ 的映射:对于任意复数 $z=a+\mathrm{i}b$,它的像 $P(z)$ 为平面上坐标等于(a,b)的点,即 $P(z)=P(a,b)$.

(1)设复数 z_0 满足$|z_0|=1$,证明:存在角度 $\theta\in[0,2\pi)$满足 $z_0=\cos\theta+\mathrm{i}\sin\theta$. 对于任意复数 z,说明向量$\overrightarrow{OP(z)}$与向量$\overrightarrow{OP(z_0z)}$的关系;

(2)如果 z_1 是一个非零复数,说明向量 $\overrightarrow{OP(z)}$ 与向量 $\overrightarrow{OP(z_1z)}$ 的关系.

2009 年中国科学技术大学招收保送生数学面试试题第十五组题

1. 已知椭圆 $\frac{x^2}{a^2}+\frac{y^2}{b^2}=1(0<a\leqslant b)$.

(1)求内接于该椭圆的三角形面积的最大值;

(2)求外切于该椭圆的三角形面积的最小值.

2. 将正整数 1 至 100 随机填入 10×10 的方格中. 证明:可以经过至多 35 次交换任意两格中的数,使得任意两个相邻方格(有公共边的方格称为相邻方格)中的数的和都是合数.

2009 年中国科学技术大学招收保送生数学面试试题解析

2009 年中国科学技术大学招收保送生数学面试试题第一组题

1. **解析** 设 $m=a^2+b^2, n=c^2+d^2$(a,b,c,d 是正整数),则

$$\begin{aligned} mn &= (a^2+b^2)(c^2+d^2) \\ &= (ac)^2+(bd)^2+(ad)^2+(bc)^2 \\ &= (ac+bd)^2+(ad-bc)^2 \end{aligned}$$

因为 a,b,c,d 均为正整数,所以 $ac+bd$ 为正整数,$ad-bc$ 也为正整数,不妨设

$$ac+bd=x, ad-bc=y$$

所以 $mn=x^2+y^2$,即 mn 可以表示为两个完全平方数的和.

2. **解析** 当 $x<1$ 时,$|x-a_k|=a_k-x, k=1,2,3,4$. 故当 $x<1$ 时,$f(x)=a_1+a_2-a_3-a_4$. 由于 $f(x)=0$ 有唯一解,所以 $a_1+a_2\neq a_3+a_4$.

当 $x>4$ 时,$|x-a_k|=x-a_k, k=1,2,3,4$. 故当 $x>4$ 时,$f(x)=-(a_1+a_2-a_3-a_4)$.

当 $1<x<2$ 时,$|x-a_k|=\begin{cases} x-a_k, a_k=1 \\ a_k-x, a_k\neq 1 \end{cases}$,故有

$$f(x)=\begin{cases} 2x-1+b-a_3-a_4, (a_1,a_2)=(1,b) \\ -2x+a_1+a_2+1-b, (a_3,a_4)=(1,b) \end{cases}$$

由于 $f(x)$ 是非减函数,所以应当有 $(a_1,a_2)=(1,b)$,即 $1\in(a_1,a_2)$. 结合条件 $a_1+a_2\neq a_3+a_4$,知 $\{a_1,a_2\}$ 只能为 $\{a_1,a_2\}=\{1,2\}$ 或 $\{a_1,a_2\}=\{1,3\}$.

当 $2<x<3$ 时,$|x-a_k|=\begin{cases} x-a_k, a_k=1,2 \\ a_k-x, a_k=3,4 \end{cases}$,故在此情况中,有

$$f(x)=\begin{cases} 4x+1+2-3-4, \{a_1,a_2\}=\{1,2\} \\ -1+3+2-4, \{a_1,a_2\}=\{1,3\} \end{cases}$$

由于 $f(x)=0$ 有唯一解,所以只能有 $\{a_1,a_2\}=\{1,2\}$.

2009 年中国科学技术大学招收保送生数学面试试题第二组题

1. **解析** (此题考查学生对几何和代数基础知识的综合运用能力)如图 1 所示,首先注

意到

$$a^2+b^2+c^2+d^2=x^2+(1-x)^2+y^2+(1-y)^2+u^2+(1-u)^2+v^2+(1-v)^2$$

现在考虑

$$x^2+(1-x)^2=2\left(\left(x-\frac{1}{2}\right)^2+\frac{1}{4}\right)$$

因为 $0\leqslant x\leqslant 1$,所以

$$\frac{1}{4}\leqslant\left(x-\frac{1}{2}\right)^2+\frac{1}{4}\leqslant\frac{1}{2}$$

即

$$\frac{1}{2}\leqslant x^2+(1-x)^2\leqslant 1$$

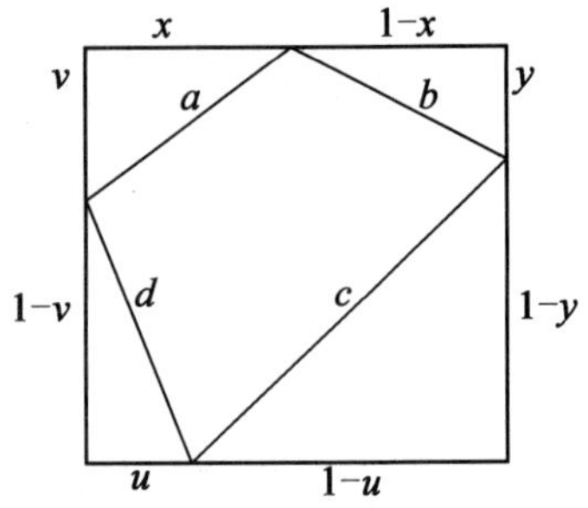

图 1

将 x 改为 y,u,v,也有类似的不等式.把这四个不等式加起来,便是所求的结果.

2009 年中国科学技术大学招收保送生数学面试试题第三组题

1. 解析 (此题考查学生对对数基本性质的综合运用能力.)

$$\frac{1}{\log_2 36}+\frac{1}{\log_3 36}=\log_{36}2+\log_{36}3=\log_{36}6=\frac{1}{\log_6 36}=\frac{1}{2}$$

2. 解析 首先注意到存在整数 A_n,B_n 满足

$$(\sqrt{3}\pm 1)^{2n}=(4\pm 2\sqrt{3})^n=A_n\pm B_n\sqrt{3}$$

又

$$(2\pm\sqrt{3})^n=\frac{(4\pm 2\sqrt{3})^n}{2^n}=\frac{A_n}{2^n}\pm\frac{\sqrt{3}B_n}{2^n}$$

于是,由于$\frac{A_n}{2^n}$是整数,所以 A_n 可以被 2^n 整除.

注意到

$$(\sqrt{3}+1)^{2n}+(\sqrt{3}-1)^{2n}=(4+2\sqrt{3})^n+(4-2\sqrt{3})^n=2A_n$$

可以被 2^{n+1} 整除.

最后,由 $0<(\sqrt{3}-1)^{2n}<1$,得

$$[(\sqrt{3}+1)^{2n}]=(\sqrt{3}+1)^{2n}+(\sqrt{3}-1)^{2n}=2A_n$$

2009 年中国科学技术大学招收保送生数学面试试题第四组题

1. 解析 令 $N=1^1\times 2^2\times 3^3\times\cdots\times n^n$,则在 N 中有 $1+2+3+\cdots+n=\frac{n(n+1)}{2}$个因子.

它们的几何平均是 $N^{\frac{2}{n(n+1)}}$，算术平均是

$$\frac{1+(2+2)+(3+3+3)+\cdots+(n+n+\cdots+n)}{\frac{n(n+1)}{2}}$$

$$=\frac{2(1^1+2^2+3^3+\cdots+n^n)}{n(n+1)}=\frac{2n(n+1)(2n+1)}{6n(n+1)}=\frac{2n+1}{3}$$

由于这些数不全等，所以有 $N^{\frac{2}{n(n+1)}}<\frac{2n+1}{3}$，即 $N<\left(\frac{2n+1}{3}\right)^{\frac{n(n+1)}{2}}$.

2. **解析**　设 $x_1,x_2,\cdots,x_n$ 中有 m_1 个 1，m_2 个 2，则

$$y_1=m_1+2m_2,y_2=m_1+4m_2$$

由此可得

$$m_1=2y_1-y_2,m_2=\frac{1}{2}(y_2-y_1)$$

因为 $y_k=m_1+2^k m_2$，所以

$$y_k=2y_1-y_2+2^{k-1}(y_2-y_1)=(2-2^{k-1})y_1+(2^{k-1}-1)y_2$$

2009 年中国科学技术大学招收保送生数学面试试题第五组题

1. **解析**　令 $y=x-[x]$，则 $0\leqslant y<1$，将 $[x]=x-y$ 代入原方程式得

$$x(x^2-1)=6-y$$

于是 $5<x(x^2-1)\leqslant 6$.

当 $x\leqslant -1$ 时，有 $x(x^2-1)\leqslant 0$；

当 $x>2$ 时，有 $x(x^2-1)>6$.

因此，若该方程有解，则解只能在 $(-1,2]$ 中，$x=2$ 显然是一个解.

当 $x\in(-1,0)$ 时，$[x]=-1$. 此时原方程化为 $x^3=5$，有解 $x=\sqrt[3]{5}>1$，这说明原方程在 $(-1,0)$ 中无解；

当 $x\in[0,1)$ 时，$[x]=0$. 此时原方程化为 $x^3=6$，有解 $x=\sqrt[3]{6}>1$，这说明原方程在 $[0,1)$ 中无解；

当 $x\in[1,2)$ 时，$[x]=1$，此时原方程化为 $x^3=7$，有解 $x=\sqrt[3]{7}\in[1,2)$，这说明原方程在 $[1,2)$ 中有解 $x=\sqrt[3]{7}$.

综上所述，原方程有两个解，$x_1=2,x_2=\sqrt[3]{7}$.

2. **解析**　(1) 设 x_0 为 f 的唯一极值点，则 $f'(x_0)=0$. 若 x 为 $f(f(x))$ 的一个极值点，则

$$f(f(x))'=f'(f(x))f'(x)=0$$

于是 $x=x_0$ 或者 $f(x)=x_0$.

若 x_0 不属于 f 的值域，则 $f(f(x))$ 只有 x_0 一个极值点；

若 x_0 属于 f 的值域，由于 x_0 是 $f(f(x))$ 的唯一极值点，或者 $f(x_0)=x_0$，此时 x_0 是唯一的极值点，或者存在不同的 x_1,x_2 满足 $f(x_1)=f(x_2)=x_0$，此时 x_0,x_1,x_2 都是 $f(f(x))$ 的极值

点.

因此,$f(f(x))$可能的极值点的个数为 1 或者 3.

(2)设f连续,即使f不可微,考虑复合函数在一点的两侧的增减性,上述结论仍然成立.

2009 年中国科学技术大学招收保送生数学面试试题第六组题

1. **解析** 设$f=0,g=0,h=0$的公共根为α,由

$$\alpha^2+b\alpha-8=0,b\alpha^2-5\alpha+2=0$$

得

$$(4b+1)\alpha^2+(b-20)\alpha=0$$

因此$\alpha=\dfrac{20-b}{4b+1}$,将$\alpha$代入$g=0,h=0$得

$$b^3+12b^2+21b-98=0$$

解得$b=2$或$b=-7$. 当$b=2$时,$\alpha=2,a=5$;当$b=-7$时,$\alpha=-1,a=-10$.

2. **解析** 略. 不清楚的可咨询钟粟教育热线 18715008392 转林群杰老师.

2009 年中国科学技术大学招收保送生数学面试试题第七组题

1. **解析** 在任何三角形中都有$2r<h_b<a$,即内切圆直径小于三角形的任何一边,故若三角形的三边之长和内切圆直径形成某个等差数列的相连 4 项,则可认为公差$d>0$,且

$$a=2r+d,b=2r+2d,c=2r+3d \tag{①}$$

于是三角形的半周长为

$$p=\frac{a+b+c}{2}=3r+3d \tag{②}$$

用半周长表示三角形的面积,则有

$$pr=S=\sqrt{p(p-a)(p-b)(p-c)} \tag{③}$$

将式③两端同时平方,再将式①,②代入其中,经整理后,得

$$(3r+3d)r^2=(r+2d)(r+d)r$$

由此可知$3r^2=2r^2=2d^2$,即$d=r$. 因此$a=3r,b=4r,c=5r$,所以本题的答案是:所有三边之长的比值为3:4:5的三角形.

2. **解析** 我们可以证明一般性结论:如果a_1,a_2满足$a_1^2<\dfrac{2n}{n-1}a_2$,则实系数方程

$$x^n+a_1x^{n-1}+a_2x^{n-2}+\cdots+a_{n-1}x+a_n=0$$

的根不全是实数. 实际上,假设方程的根$x_1,\cdots,x_n$都为实根. 由韦达定理有

$$\sum_{i=1}^{n} x_i = -a_1, \sum_{1\leqslant i\leqslant j\leqslant n} x_i y_i = a_2$$

于是

$$(n-1)a_1^2 - 2na_2 = \sum_{1\leqslant i\leqslant j\leqslant n} (x_i - y_i)^2 \geqslant 0$$

即 $a_1^2 \geqslant \frac{2n}{n-1}a_2$.

2009 年中国科学技术大学招收保送生数学面试试题第八组题

1. **解析**　由周期性,不妨设 $x\in[0,2\pi]$,则

$$\begin{aligned}\cos(\sin x)-\sin(\cos x) &= \cos(\sin x)-\cos\left(\frac{\pi}{2}-\cos x\right)\\ &= \sin\left(\frac{\pi}{4}+\frac{1}{2}\sin x-\frac{1}{2}\cos x\right)\cdot\\ &\quad \sin\left(\frac{\pi}{4}-\frac{1}{2}\sin x-\frac{1}{2}\cos x\right)\end{aligned}$$

由于 $|\sin x+\cos x|\leqslant\sqrt{2}<\frac{\pi}{2}$,因此上式大于 0. 故

$$\cos(\sin x)>\sin(\cos x)$$

2. **解析**　(1)略.

(2)如图 2 所示.

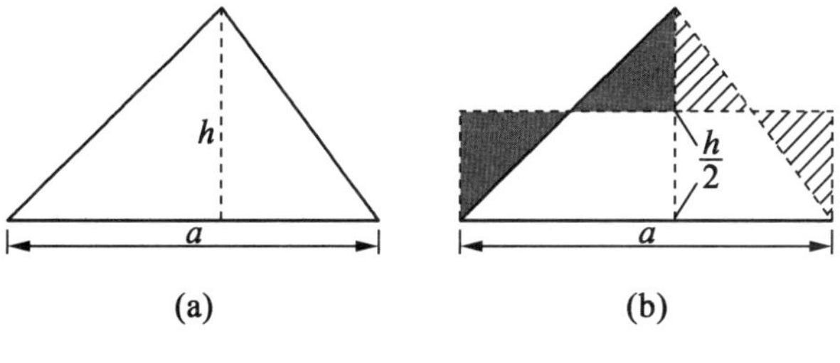

图 2

(3)略.

(4)如图 3 所示.

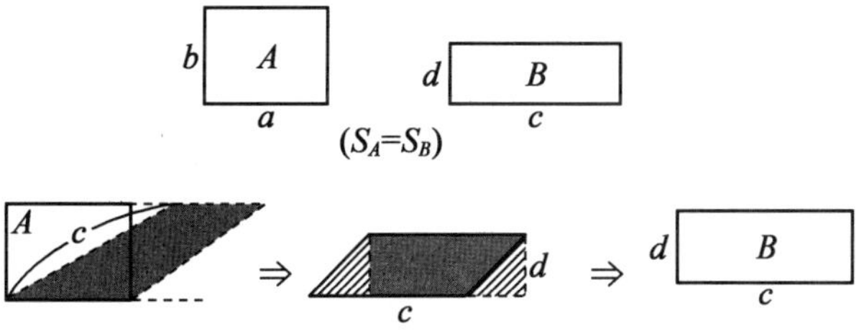

图 3

(5)如图 4 所示，若边数为 n 的多边形 A 可剖分为 $n-2$ 个三角形 $A_1,A_2,\cdots,A_{n-2}$，而每个三角形 A_i 均与某矩形 B_i 组成相等（$A_i \backsim B_i,i=1,2,\cdots,n-2$），而每个矩形 B_i 又都可与某个底边长一定（比如为 l）的矩形 B_i' 组成相等，而这些等底矩形摞起来可组成一个大矩形，如图 5 所示.

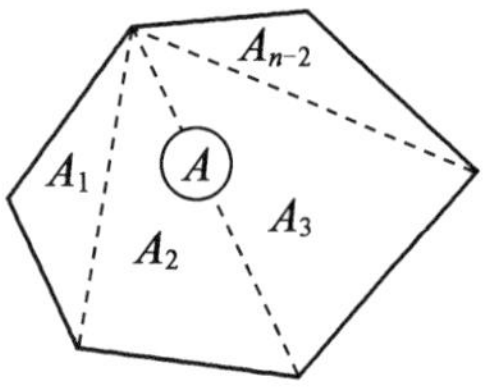

图 4

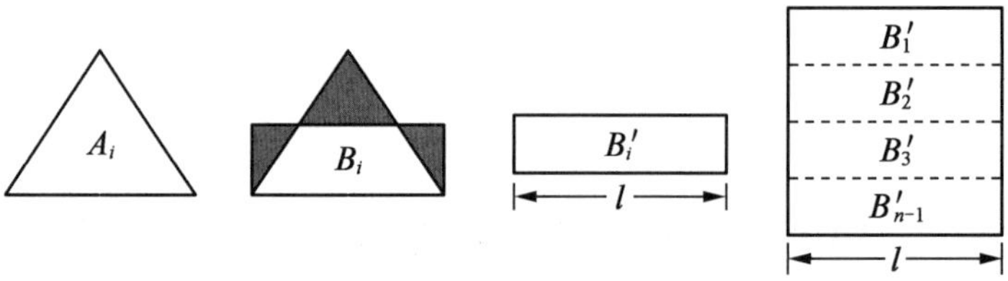

图 5

(6)等积的多边形 A 与 B 都可以分别找到等组的矩形 C 与 D，易知 C 与 D 等组，则 A 与 B 等组.

2009 年中国科学技术大学招收保送生数学面试试题第九组题

1. **解析**　观察，归纳.

(1)，(2)n^2-n+2.

(3)$\frac{1}{3}n(n^2-3n+8)$.

2. **解析**　(1)3 个.

(2)设 λ_1,λ_2 是 $f''(x)=0$ 的实根，则 $f''(x)$ 关于直线 $x=x_0=\frac{\lambda_1+\lambda_2}{2}$ 对称，即

$$f''(x+x_0)=f''(x_0-x)$$

考虑函数 $g(x)=f(x+x_0)-f(x_0-x)$，则 $g''(x)=0$，所以 $g(x)$ 是线性函数. 由 $f(\lambda_1)=f(\lambda_2)=0$ 可以推出 $g(x)=0$.

2009 年中国科学技术大学招收保送生数学面试试题第十组题

1. **解析**　设 $S_1,S_2,\cdots,S_F$ 分别为 F 个面，则诸面角之和为

$$\sum_{i=1}^{F}(S_i-2)\pi=\left(\sum_{i=1}^{F}S_i-2F\right)\pi=(2E-2F)\pi=2(E-F)\pi$$

2. **解析**　(1)不妨设 a_1 是 S 中最小的数，a_2 是 S 中最大的数. 如果 $a_1\leqslant 0$，那么这是对的；如果 $a_1<0,a_2>0$，那么 $a_1-a_2\in S$ 与 a_1 最小矛盾，$a_2-a_1\in S$ 与 a_2 最大矛盾.

(2)将集合按从小到大排列，即 $a_1\leqslant a_2\leqslant\cdots\leqslant a_n$，不妨设 $a_1>0$. 由 $a_2-a_1<a_2$ 知 $a_2-a_1=a_1$，由此可以归纳证明 $a_k=ka_1$. 如果 $a_1=0$，那么从 a_2 开始讨论.

2009 年中国科学技术大学招收保送生数学面试试题第十一组题

1. **解析** 本题较简单,略.

2. **解析** 不妨设 A,B,C,D 按逆时针排列,记 $\boldsymbol{a}=\overrightarrow{OA},\boldsymbol{b}=\overrightarrow{OB},\boldsymbol{c}=\overrightarrow{OC},\boldsymbol{d}=\overrightarrow{OD}$.

由 $(\boldsymbol{a}+\boldsymbol{b})(\boldsymbol{c}-\boldsymbol{d})=0$ 知 $\boldsymbol{a}+\boldsymbol{b}$ 与线段 CD 垂直,即 AB 与 CD 平行. 同理,BC 与 DA 平行. 由此容易推出四边形 $ABCD$ 是矩形.

2009 年中国科学技术大学招收保送生数学面试试题第十二组题

1. **解析** 答案为$\dfrac{25}{2}$. 利用结论:若 $a,b>0,a+b=1$,则$\left(a+\dfrac{1}{a}\right)^2+\left(b+\dfrac{1}{b}\right)^2\geqslant\dfrac{25}{2}$.

2. **解析** 将相邻端点颜色相同的弧视为一条弧,则对端点颜色不同的弧而言,它的端点一定是两条这类弧的端点,因此端点颜色不相同的弧一定有偶数条.

2009 年中国科学技术大学招收保送生数学面试试题第十三组题

1. **解析** (1)若 n 为奇数,则 $\lim\limits_{x\to+\infty}f(x)\to+\infty$, $\lim\limits_{x\to-\infty}f(x)\to-\infty$,又因为函数 $f(x)$ 在整个实数域上连续,所以由零点存在性定理可知方程 $f(x)=0$ 一定有一个实根.

(2)当 n 为偶数时,不妨设方程 $f(x)=0$ 的一个实根为 $x=c$,则由实系数多项式因式分解定理可知,方程至少有另一个实根 $x=d$(对应一次因式),因此

$$f(x)=(x-c)(x-d)\cdots(x^2+2b_1x+c_1)\cdots(x^2+2b_ix+c_i)$$

若实数 c,d 相同,则此时为二重根;若实数 c,d 不同,则方程至少有两个根.

2. **解析** 不妨设 $b_1\leqslant b_2\leqslant\cdots\leqslant b_n$.

由切比雪夫不等式,得

$$\sum_{k=1}^{n}k\sum_{k=1}^{n}b_k\leqslant n\sum_{k=1}^{n}kb_k$$

而

$$\sum_{k=1}^{n}b_k=\sum_{k=1}^{n}a_k=0$$

得证.

2009 年中国科学技术大学招收保送生数学面试试题第十四组题

1. **解析** (1)椭圆映为椭圆,抛物线映为抛物线,双曲线映为双曲线.

(2)此时过点 P 与 II_2 平行的平面交 II_1 于一直线 l(在投影下的像是 II_2 的无穷远直线). 当平面 II_1 上的椭圆、抛物线、双曲线等与 l 无交点时,投影的像还是椭圆、抛物线、双曲线等;当椭圆与 l 相切,投影像是抛物线;当椭圆与 l 相交时,投影的像是双曲线,等等.

2. **解析** (1)向量 $\overrightarrow{OP(z_0z)}$ 为向量 $\overrightarrow{OP(z)}$ 逆时针旋转 θ 角.

(2)向量 $\overrightarrow{OP(z_1z)}$ 为向量 $\overrightarrow{OP(z)}$ 逆时针旋转 θ 角,并伸长 $|z_1|$ 倍.

2009 年中国科学技术大学招收保送生数学面试试题第十五组题

1. **解析** 作压缩变换:$x=x',y=ky',k=\dfrac{b}{a}$,得到圆 $(x')^2+(y')^2=a^2$,将问题化为圆内接与外切多边形情形. 答案分别为 $\dfrac{3\sqrt{3}}{4}ab$ 与 $3\sqrt{3}ab$.

一般地,多边形的极值情形为正多边形,面积为 $\dfrac{n}{2}\sin\dfrac{2\pi}{n}ab$ 与 $n\tan\dfrac{\pi}{n}ab$.

2. **解析** 不妨设前 5 行奇数多,后 5 行偶数多,那么把前 5 行的偶数和后 5 行的奇数两两交换,就可以得到前 5 行都是奇数,后 5 行都是偶数的矩阵,这样至多交换 25 次. 剩下只要调整第 5 行的奇数,使得和第 6 行的相邻方格加起来都是合数即可,这样至多有 10 次交换,总共 35 次.

2008年中国科学技术大学自主招生考试数学试题

一、选择题：本大题共8小题，每小题5分，共40分. 在每小题给出的四个选项中，只有一个选项是符合题目要求的，把你认为正确的选项标号填在小题后面给定的括号里.

1. 设 $x=\frac{111\ 110}{111\ 111}, y=\frac{222\ 221}{222\ 223}, z=\frac{333\ 331}{333\ 334}$，则 (　　)

A. $x<y<z$　　B. $x<z<y$　　C. $z<x<y$　　D. $z<y<x$

2. 定义在 $(-\infty,+\infty)$ 上的函数 $f(x)$ 既是奇函数，又是周期函数，T 是它的一个正周期，则 $f\left(\frac{T}{2}\right)$ 的值 (　　)

A. 一定为0　　B. 一定为正

B. 一定为负　　D. 不能一概而论，不同的 f 可能有不同的值

3. 已知 $f(\bar{z}+1)=\bar{z}+2z+|z|^2$，则 $f(\mathrm{i})=$ (　　)

A. $1+\mathrm{i}$　　B. $1-\mathrm{i}$　　C. $-1+\mathrm{i}$　　D. $-1-\mathrm{i}$

4. 若函数 $f(x)=a\sin x+b\cos 2x$ 关于 $x=\frac{\pi}{4}$ 对称，则 a,b 应满足的关系是 (　　)

A. $a=b$　　B. $a=2b$　　C. $b=2a$　　D. $a+2b=0$

5. 设向量 $\boldsymbol{a},\boldsymbol{b},\boldsymbol{c}$ 满足 $\boldsymbol{a}\cdot\boldsymbol{c}=\boldsymbol{b}\cdot\boldsymbol{c}$，则 (　　)

A. $a=b$　　B. 当 $c\neq 0$ 时，$a=b$　　C. $c=0$　　D. 以上都不成立

6. 函数 $y=\sqrt{2-x}+\sqrt{x-1}$ 的值域是 (　　)

A. $[0,\sqrt{2}]$　　B. $[1,\sqrt{2}]$　　C. $[1,2]$　　D. $[0,2]$

7. 设过点 $(-4,0)$ 的直线 l 与抛物线 $y^2=x$ 有公共点，则直线 l 的斜率的取值范围是 (　　)

A. $\left[-\frac{1}{4},\frac{1}{4}\right]$　　B. $\left[-\frac{1}{2},\frac{1}{2}\right]$　　C. $\left[-\frac{1}{8},\frac{1}{8}\right]$　　D. $[-1,1]$

8. 设实数 a,b,c 满足 $a+b+c=4, a^2+b^2+c^2=8$，则 c 的最大值为 (　　)

A. $\frac{5}{3}$　　B. 2　　C. $\frac{7}{3}$　　D. $\frac{8}{3}$

二、填空题：本大题共4小题，每小题5分，共20分. 把答案填在给定的位置上.

9. 设 M 是平面上的有限点集，命题 A 是："M 中任何两点的距离都不大于1". 则命题 A 的否命题是________.

10. 将含有 $n(n\geqslant 2)$ 个元素的集合 A 分解为两个互不相交的非空集合 B,C 的并，则不同分法的总数是________.

11. 若复数 $2+5\mathrm{i}$，$-k-\mathrm{i}$，$k+3\mathrm{i}$ 在一条直线上，则实数 k 等于________.

12. 设 a 为实数，若函数 $f(x)=x^3-3ax+1$ 有三个不同实根，则 a 的取值范围是________.

13. 设数列 $\{x_n\}$ 满足 $x_1=1$，$x_{n+1}=\dfrac{x_n+\sqrt{3}}{1-\sqrt{3}x_n}$，则 $x_{2\,003}-x_{1\,000}=$________.

14. 设 α 与 β 是两个不同的平面，有 $\alpha /\!/ \beta$. 直线 a 与 b 分别在 α 与 β 之中. 则 a 与 b 的位置关系可能是________（写出所有正确断言的编号）.

①平行　　②相交　　③异面

三、解答题：本大题共 6 小题，每小题 15 分，共 90 分. 解答应写出文字说明，证明过程或演算步骤. 解答写在另外发给的答题纸上.

15. 我们知道，对于所有 $-\infty<x<\infty$，都有

$$\sin 3x=3\sin x-4\sin^3 x$$

证明：对于所有 $-\infty<x<\infty$，都有

$$|\sin 3x|\leqslant 3|\sin x|$$

16. 设 $ABCD-A_1B_1C_1D_1$ 是边长为 1 的正方体.

(1) 证明：ACB_1D_1 是各个侧面彼此全等的四面体；

(2) 试求 ACB_1D_1 的表面积与体积；

(3) 试求 ACB_1D_1 的任意两个邻面所成的二面角.

17. 设有函数

$$f(x)=|x+1|+|x|+|x-1| \quad (x\in(-\infty,\infty))$$

(1)试说明 $f(x)$ 的奇偶性;

(2)考察 $f(x)$ 在 $(-\infty,\infty)$ 中的增减性;

(3)求 $f(x)$ 在区间 $(-\infty,\infty)$ 中的最小值.

18. 争夺乒乓球冠军的比赛将在甲、乙两人之间进行,乒乓球比赛无平局,且采用5局3胜制. 假设各局比赛互相独立进行,甲在每局中取胜的概率都是 $p(0<p<1)$. 以 ξ 表示决出胜负所需的比赛局数.

(1)写出 ξ 的分布律(不要求写计算过程);

(2)求数学期望 $E\xi$;

(3)证明:当 $p=\frac{1}{2}$ 时,$E\xi$ 最大,请用日常生活中的道理对这一现象给予解释.

19. 设$\{a_n\}$为实数数列，对一切 n 都满足关系式

$$\frac{1}{a_1}+\frac{1}{a_2}+\cdots+\frac{1}{a_n}=\frac{1}{a_1a_2\cdots a_n}$$

(1)试写出 a_n 与 a_{n+1}的关系式($n\geqslant 2$)；

(2)证明：如果 $a_1\in(0,1)$，那么对一切 n 都有 $a_n\in(0,1)$；

(3)证明：如果 $a_1\notin[0,1]$，那么对一切 $n\geqslant 2$ 都有 $a_n<a_{n+1}$.

20. 平面上的每个点都被染为红色或被染为蓝色，并且既有红色点，又有蓝色点，任意给定 $a>0$.

(1)证明：可以在该平面上找到两个距离为 a 的同色点；

(2)证明：可以在该平面上找到两个距离为 a 的异色点.

2008 年中国科学技术大学自主招生考试数学试题解析

一、选择题:本大题共 8 小题,每小题 5 分,共 40 分.

1. B　2. A　3. D　4. B　5. D　6. B　7. A　8. D

二、填空题:本大题共 4 小题,每小题 5 分,共 20 分.

9. M 中有某两点的距离大于 1

10. 2^n-2

11. 1

12. $a>\dfrac{1}{\sqrt[3]{4}}$

13. 0

14. ①③

三、解答题:本大题共 6 小题,每小题 15 分,共 90 分.解答应写出文字说明,证明过程或演算步骤.

15. **解析**　我们有

$$|\sin 3x|=|3\sin x-4\sin^3 x|=|\sin x||3-4\sin^2 x| \quad ①$$

注意到 $4\sin^2 x\geqslant 0$,故若 $4\sin^2 x\leqslant 3$,则

$$|3-4\sin^2 x|=3-4\sin^2 x\leqslant 3$$

代入式①得

$$|\sin 3x|\leqslant 3|\sin x|$$

若 $4\sin^2 x>3$,则由 $0\leqslant\sin^2 x\leqslant 1$,知

$$|3-4\sin^2 x|=4\sin^2 x-3\leqslant 4-3=1$$

代入式①后,得

$$|\sin 3x|\leqslant|\sin x|$$

即

$$|\sin 3x|\leqslant 3|\sin x|$$

16. **解析**　(1)由于直线 AC 与 B_1D_1 分别位于两个平行平面中,它们又不平行,所以它们是相互异面的直线,从而 ACB_1D_1 不是平面图形.由于它有四个顶点,因此为四面体.又由于它的 6 条棱都是边长为 1 的正方体 $ABCD-A_1B_1C_1D_1$ 的面对角线,即长度都是$\sqrt{2}$,所以它的各个侧面均为边长为$\sqrt{2}$的等边三角形,故彼此全等.

(2)ACB_1D_1 的四个侧面均为边长为$\sqrt{2}$的等边三角形,故其表面积为

$$S=4\times\frac{1}{2}\times 2\times\sin\frac{\pi}{3}=2\sqrt{3}$$

ACB_1D_1 的每个面都从正方体上割下一个直四面体,其体积为$\dfrac{1}{3}\times\dfrac{1}{2}\times 1=\dfrac{1}{6}$,故

ACB_1D_1 的体积为 $V=1-4\times\frac{1}{6}=\frac{1}{3}$.

(3)ACB_1D_1 的各个邻面所成的二面角均彼此相等. 将棱 AC 的中点记为 O. 联结 B_1O 与 D_1O. 由等边三角形的性质知 $B_1O\perp AC$, $D_1O\perp AC$, 所以 $\angle B_1OD_1$ 就是 ACB_1D_1 的两个邻面所成的二面角的平面角. 在 $\triangle B_1OD_1$ 中

$$B_1D_1=\sqrt{2}, B_1O=D_1O=\frac{\sqrt{6}}{2}$$

所以由余弦定理知

$$\cos\angle B_1OD_1=\frac{\frac{6}{4}+\frac{6}{4}-2}{2\times\frac{6}{4}}=\frac{1}{3}$$

故

$$\angle B_1OD_1=\arccos\frac{1}{3}$$

即 ACB_1D_1 的任意两个邻面所成的二面角均为 $\arccos\frac{1}{3}$.

17. **解析** (1)$f(x)$ 是偶函数, 因为对任何 x 都有

$$f(-x)=|-x+1|+|-x|+|-x-1|=|x-1|+|x|+|x+1|=f(x)$$

(2)容易看出

$$f(x)=\begin{cases}-3x, & x\leqslant -1\\ -x+2, & -1\leqslant x\leqslant 0\\ x+2, & 0\leqslant x\leqslant 1\\ 3x, & x\geqslant 1\end{cases}$$

故知 $f(x)$ 在 $(-\infty,0)$ 中严格单调递减, 在 $(0,\infty)$ 中严格单调递增, 如表 1 所示.

表 1

x	$(-\infty,0)$	0	$(0,\infty)$
$f(x)$	↘	最小值 2	↗

(3) 由(2)得 $f(x)$ 在 $(-\infty,\infty)$ 中的最小值是 2.

18. **解析** (1)记 $q=1-p$, 则 ξ 的分布律如表 2 所示.

表 2

ξ	3	4	5
P	p^3+q^3	$3p^3q+3q^3p$	$6p^3q^2+6q^3p^2$

(2)我们有

$$\begin{aligned}E\xi&=3(p^3+q^3)+4(3p^3q+3q^3p)+5(6p^3q^2+6q^3p^2)\\&=3(p+q)(p^2-pq+q^2)+12pq(p^2+q^2)+30p^2q^2(p+q)\end{aligned}$$

$$=3(p^2-pq+q^2)+12pq(p+q)^2-24p^2q^2+30p^2q^2$$
$$=3(p+q)^2-9pq+12pq+6p^2q^2$$
$$=3+3pq+6p^2q^2$$

(3)因为 $0<p,q<1,p+q=1$,所以

$$pq\leqslant\left(\frac{p+q}{2}\right)^2=\frac{1}{4},p^2q^2\leqslant\left(\frac{p+q}{2}\right)^4=\frac{1}{16}$$

等号成立,当且仅当 $p=q=\frac{1}{2}$,此时 $E\xi$ 达到最大值

$$3+\frac{3}{4}+\frac{6}{16}=\frac{33}{8}>4$$

其原因是:当 $p=\frac{1}{2}=q$ 时,甲乙二人实力相当,势均力敌,难于决出胜负,所以平均所需的局数偏多.

19. **解析** (1)易知

$$\frac{1}{x}+\frac{1}{y}=\frac{1}{xy}\Leftrightarrow\frac{x+y}{xy}=\frac{1}{xy}\Leftrightarrow x+y=1\Leftrightarrow y=1-x \tag{①}$$

当 $n=2$ 时,原式即为

$$\frac{1}{a_1}+\frac{1}{a_2}=\frac{1}{a_1a_2}$$

对 $x=a_1,y=a_2$ 运用式①,即得 $a_2=1-a_1$.

一般地,当 $n\geqslant3$ 时,可由式①得到

$$\frac{1}{a_1}+\frac{1}{a_2}+\cdots+\frac{1}{a_{n-1}}+\frac{1}{a_n}=\frac{1}{a_1a_2\cdots a_{n-1}}+\frac{1}{a_n}=\frac{1}{a_1a_2\cdots a_n}$$

对 $x=a_1a_2\cdots a_{n-1},y=a_n$ 运用式①,即得

$$a_n=1-a_1a_2\cdots a_{n-1} \tag{②}$$

这就表明,对一切 $n\geqslant2$,都有式②成立.

由式②可知

$$a_1a_2\cdots a_{n-1}=1-a_n \tag{③}$$

再将式③代入 $a_{n+1}=1-a_1a_2\cdots a_{n-1}a_n$,得到

$$a_{n+1}=1-(1-a_n)a_n=1+(a_n-1)a_n,n\geqslant2 \tag{④}$$

(2)若 $a_1\in(0,1)$,则由 $a_2=1-a_1$ 立知 $a_2\in(0,1)$. 假设 $a_n\in(0,1)$,那么就有$(1-a_n),a_n\in(0,1)$,从而亦有 $a_{n+1}=1-(1-a_n)a_n\in(0,1)$.

(3)设 $a_1\notin[0,1]$. 当 $a_1>1$ 时,由 $a_2=1-a_1$,立知 $a_2<0$,此时我们有 $a_3=1-a_1a_2>1$;当 $a_1<0$ 时,由 $a_2=1-a_1$,立知 $a_2>1$,亦有 $a_3=1-a_1a_2>1$. 假设 $a_n>1$,那么就有

$$a_{n+1}=1+(a_n-1)a_n>1$$

所以对一切 $n\geqslant3$,都有 $a_n>1$. 只要 $a_n>1$,我们就有

$$a_{n+1}-a_n=1+(a_n-1)a_n-a_n=a_n^2-2a_n+1=(a_n-1)^2>0$$

所以当 $a_1<0$ 时,对一切 $n\geqslant2$,都有 $a_n<a_{n+1}$;而当 $a_1>1$ 时,对一切 $n\geqslant3$,都有 $a_n<a_{n+1}$,又由于此时 $a_2<0,a_3>1$,所以对一切 $n\geqslant2$,都有 $a_n<a_{n+1}$.

20. **解析** (1)在平面上任取两个距离为 a 的点 A 与 B. 如果它们同色,那么断言已经成立;如果它们异色,那么分别以 A 与 B 为圆心,以 a 为半径画弧,交得一点 C,显然,若 C 不与 A 同色,就必与 B 同色.

(2)在平面上任取两个异色点 A 与 B. 如果 $AB=a$,那么断言已经成立. 假设 $AB\neq a$,如果 $AB\leqslant 2a$,那么就分别以 A 与 B 为圆心,以 a 为半径画弧,交得一点 C,显然,若 C 不与 A 异色,则必与 B 异色;如果 $AB>2a$,那么就以 A 为圆心,以 a 为半径画弧,与线段 AB 交得一点 A_1,若 A_1 与 A 异色,则它们即为所求. 否则 A_1 就与 A 同色. 我们以点 A_1 代替点 A,于是有 $A_1B=AB-a$. 必要时,再以 A_1 为圆心,以 a 为半径画弧,与线段 AB 交得一点 A_2,如此下去,或者在某一步上得到两个距离为 a 的异色点 A_{k-1} 与 A_k,或者所得的点 $A_1,A_2,\cdots,A_n$ 均与 A 同色,但却有 $A_nB\leqslant 2a$,就再分别以 A_n 与 B 为圆心,以 a 为半径画弧,交得一点 C,从中得到距离为 a 的异色点 A_n 与 C,或 B 与 C.

2007 年中国科学技术大学少年班招生复试数学试题

一、选择题：本大题共 8 小题，每小题 5 分，共 40 分. 在每小题给出的四个选项中，只有一个选项是符合题目要求的，把你认为正确的选项标号填在小题后面给定的括号里.

1. 设 S 为全集，A，B 是 S 的子集，则下面结论正确的是 （　　）

A. $\complement_S A\cap\complement_S B\subseteq\complement_S(A\cap B)$　　B. $\complement_S A\cap\complement_S B\supseteq\complement_S(A\cap B)$

C. $\complement_S A\cap\complement_S B=\complement_S(A\cap B)$　　D. $\complement_S A\cap\complement_S B$ 与 $\complement_S(A\cap B)$ 互不包含

2. 当函数 $y=2\cos x-3\sin x$ 取最大值时，$\tan x$ 的值是 （　　）

A. $\frac{2}{3}$　　B. $-\frac{2}{3}$

C. $-\frac{3}{2}$　　D. $\sqrt{3}$

3. 设复数 $z=a+b\mathrm{i}(a,b\in\mathbf{R},\mathrm{i}=\sqrt{-1})$，则 $z^2\in\mathbf{R}$ 的充分必要条件是 （　　）

A. $a^2+b^2=0$　　B. $a^2\neq b^2$

C. $a\neq 0$　　D. $ab=0$

4. 已知函数 $y=f(x)(x\in\mathbf{R})$ 有反函数，则方程 $f(x)=1$ 的实根个数为 （　　）

A. 有且仅有一个实根　　B. 至多一个实根

C. 至少一个实根　　D. 无实根

5. 在梯形 $ABCD$ 中，$AB/\!/CD$，$|AB|=\frac{1}{3}|CD|$，E 是对角线 BD 的中点. 记 $\overrightarrow{AB}=\boldsymbol{a}$，$\overrightarrow{AD}=\boldsymbol{b}$，则 $\overrightarrow{CE}$ 等于 （　　）

A. $-\frac{7}{6}\boldsymbol{a}-\frac{1}{2}\boldsymbol{b}$　　B. $\frac{7}{6}\boldsymbol{a}-\frac{1}{2}\boldsymbol{b}$

C. $-\frac{5}{2}\boldsymbol{a}-\frac{1}{2}\boldsymbol{b}$　　D. $\frac{5}{2}\boldsymbol{a}+\frac{1}{2}\boldsymbol{b}$

6. 过定点 $P(2,1)$ 作直线 l，分别交 x 轴正向与 y 轴正向于点 A 与点 B. 若要 $\triangle AOB$ 的面积最小（O 为坐标原点），则 l 的方程为 （　　）

A. $x+y-3=0$　　B. $x+2y-4=0$

C. $2x+y-5=0$　　D. $x+3y-5=0$

7. 在三棱锥 $A-BCD$ 中，$\sin\angle BAD=\cos\angle BCD$，$\sin\angle ABD=\cos\angle CBD$，$\sin\angle ADB=\cos\angle CDB$，则 $\triangle ABD$ 为 （　　）

A. 钝角三角形　　B. 直角三角形

C. 锐角三角形　　D. 不能确定，与三棱锥的形状有关

8. 正态分布 $N(a_1,\sigma_1^2)$ 与 $N(a_2,\sigma_2^2)$ 的密度函数曲线如图 1 所示,则 (　　)

A. $a_1 > a_2, \sigma_1^2 > \sigma_2^2$

B. $a_1 > a_2, \sigma_1^2 < \sigma_2^2$

C. $a_1 < a_2, \sigma_1^2 > \sigma_2^2$

D. $a_1 < a_2, \sigma_1^2 < \sigma_2^2$

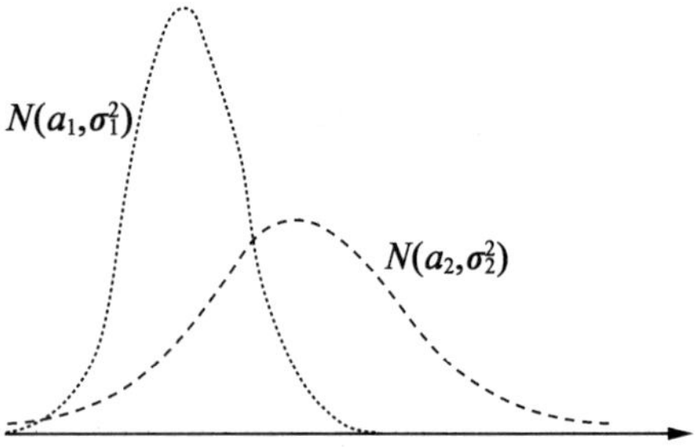

图 1

二、填空题:本大题共 4 小题,每小题 5 分,共 20 分. 把答案填在给定的位置上.

9. 已知 x_1 是方程 $x + \lg x = 3$ 的根,x_2 是方程 $x + 10^x = 3$ 的根,则 $x_1 + x_2 =$ ________.

10. 满足 $C_n^1 + 2C_n^2 + 3C_n^3 + \cdots + nC_n^n < 450$ 的最大正整数 n 是________.

11. 在正方体上任意选择两条棱,则这两条棱相互异面的概率为________.

12. 定义在 $\mathbf{R}$ 上的可导函数 $f(x)$ 既是偶函数,又是周期函数,T 是它的一个正周期. 如下断言中正确的是________(写出所有正确断言的编号).

①$f(x)$ 的导函数 $f'(x) = 0$ 仍然是周期函数,T 是它的一个正周期;

②$f(x)$ 的导函数 $f'(x) = 0$ 是奇函数;

③方程 $f(x) = 0$ 在闭区间 $[-T, T]$ 上可能没有根;

④方程 $f'(x) = 0$ 在闭区间 $[-T, T]$ 上可能没有根;

⑤方程 $f'(x) = 0$ 在闭区间 $[-T, T]$ 上至少有 5 个根.

三、解答题:本大题共 6 小题,每小题 15 分,共 90 分. 解答应写出文字说明,证明过程或演算步骤. 解答写在另外发给的答题纸上.

13. 设 $a \geqslant 2, b \geqslant 2$,求证:$ab \geqslant a + b$.

14. 设 $\mathbf{N}$ 是全体非负整数的集合,约定 $0!=1$. 已知等差数列 $\{a_n\}$ 的首项为 2,公差为 3.

(1)问:正整数 2 756 是否是数列 $\{a_n\}$ 中的项? 说明理由.

(2)问:集合 $\{n+n! \mid n\in\mathbf{N}\}$ 中是否含有数列 $\{a_n\}$ 中的项? 说明理由.

(3)假设 $\{b_n\}$ 是任意一个首项与公差都是正整数的等差数列. 问:集合 $\{n+n!\ n\in\mathbf{N}\}$ 中是否含有数列 $\{b_n\}$ 中的项? 说明理由.

15. 如图 2 所示,在平面 α 中有一个边长为 1 的正六边形 $A_1A_2A_3A_4A_5A_6$,边 A_1A_6 与 A_3A_4 的中点分别为 B_1 与 B_2. 平面 β 垂直于平面 α,并且两个平面的交线就是直线 B_1B_2,在平面 β 中也有一个边长为 1 的正六边形 $A_1'A_2'A_3'A_4'A_5'A_6'$,而且边 $A_1'A_6'$ 与 $A_3'A_4'$ 的中点分别重合于点 B_1 与 B_2.

(1)求证:A_2,A_3,A_3',A_2' 四个点位于同一个平面内(将此平面记为 γ);

(2)求平面 γ 与平面 α 的夹角(即求二面角 $\alpha-A_2A_3-\gamma$ 的大小);

(3)求四边形 $A_2A_3A_3'A_2'$ 的面积.

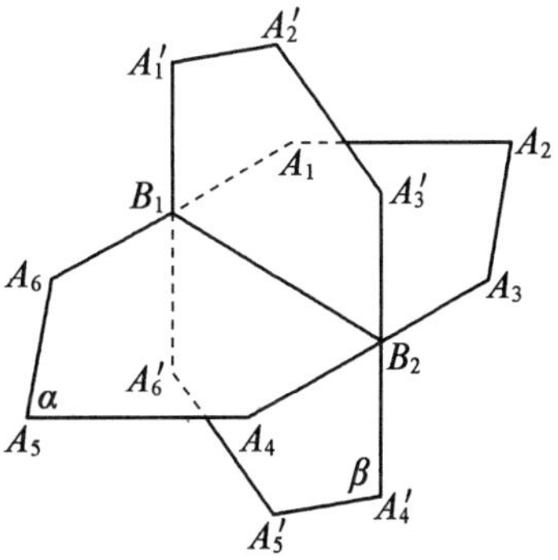

图 2

16. 已知圆 C 的方程为 $x^2+y^2=1$.

(1)问:直线 $l:y=\sqrt{3}x+2$ 与圆 C 的位置关系如何(即是否相交;是否相切;是否相离)?说明理由.

(2)已知点 $A_1(x_1,y_1)$ 与点 $A_2(x_2,y_2)$ 都在抛物线 $y=x^2+2$ 上,直线 A_1A_2 与圆 C 相切,并且 $|x_1|\geqslant\sqrt{2}$,$|x_2|\geqslant\sqrt{2}$. 求证:点 A_1 与 A_2 位于 y 轴的同一侧(即有 $x_1x_2>0$).

17. 某人参加飞碟射击训练,训练规则规定:若每发子弹都命中目标,则射击 10 发子弹为一个训练单元,记给 10 分;若在未命中 10 发之前即已出现脱靶(未命中目标),则该训练单元即告结束,并按照此前所命中的发数记给分数(每命中 1 发记给 1 分).

以 ξ 表示该人在一个训练单元中所获得的分数. 假设该人每发子弹命中目标的概率都是 $p(0<p<1)$,各发子弹的射击相互独立.

(1)写出 ξ 的分布律(不要求写出计算过程);

(2)求数学期望 $E\xi$.

18. 设有函数

$$f(x)=x-\sin\sqrt{2}x\quad(x\in\mathbf{R})$$

(1)考察 $f(x)$ 在区间 $(0,\sqrt{2}\pi)$ 中的增减性;

(2)求 $f(x)$ 在区间 $[0,\infty)$ 中的最小值;

(3)方程 $f(x)$ 在 $\mathbf{R}$ 中有多少个根? 说明理由.

2007 年中国科学技术大学少年班招生复试数学试题解析

一、选择题:本大题共 8 小题,每小题 5 分,共 40 分.

1. A　2. C　3. D　4. B　5. C　6. B　7. A　8. D

二、填空题:本大题共 4 小题,每小题 5 分,共 20 分.

9. 3

10. 7

11. $\frac{4}{11}$

12. ①②③⑤

三、解答题:本大题共 6 小题,每小题 15 分,共 90 分. 解答应写出文字说明,证明过程或演算步骤.

13. **解析**　不失一般性,可设 $a \geqslant b \geqslant 2$,于是,$ab \geqslant 2a \geqslant a+b$,这就是所要证明的.

14. **解析**　(1) 由于 $2\ 756=2+2\ 754=2+918\times 3$,所以 2 756 是数列 $\{a_n\}$ 中的项.

(2) 由于 $5+5!\ =2+3\left(1+\frac{5!}{3}\right)=2+41\times 3$ 是数列 $\{a_n\}$ 中的项,而 $5+5!$ 属于集合 $\{n+n!\ |n\in\mathbf{N}\}$,因此集合 $\{n+n!\ |n\in\mathbf{N}\}$ 中含有数列 $\{a_n\}$ 中的项.

(3) 由于等差数列 $\{b_n\}$ 的首项 b 与公差 d 都是正整数,而 $(b+d)+(b+d)!\ =b+d\left(1+\frac{(b+d)!}{d}\right)$. 因为 $\frac{(b+d)!}{d}$ 是正整数,所以 $(b+d)+(b+d)!$ 是数列 $\{b_n\}$ 中的项,又因为 $(b+d)+(b+d)!$ 是集合 $\{n+n!\ |n\in\mathbf{N}\}$ 中的元素,所以集合 $\{n+n!\ |n\in\mathbf{N}\}$ 中含有数列 $\{b_n\}$ 中的项.

15. **解析**　将正六边形 $A_1A_2A_3A_4A_5A_6$ 的中心记为 O,则 O 也是正六边形 $A_1'A_2'A_3'A_4'A_5'A_6'$ 的中心,并且是线段 B_1B_2 的中点,将直线 B_1B_2 记为 l.

(1) 由正六边形的性质知,直线 A_2A_3 与 $A_2'A_3'$ 都经过直线 l 上的同一点 C,所以它们是相交直线,从而共面,将此平面记为 γ,则 $A_2A_3A_2'A_3'$ 四个点都在平面 γ 内.

(2) 将边 A_2A_3 的中点记为 D. 联结 $A_2'O$,DO 和 $A_2'D$. 由正六边形的性质知 $DO\perp A_2A_3$,并且 $A_2'O\perp l$,由此 $A_2'O\perp\alpha$,从而 $A_2'O\perp A_2A_3$. 故由三垂线定理知 $A_2'D\perp A_2A_3$. 这样一来,$\angle A_2'DO$ 就是二面角 $\alpha-A_2A_3-\gamma$ 的平面角.

注意到 $\triangle A_2'DO$ 是直角三角形,$\angle A_2'OD=90°$,$A_2'O=1$,$DO=\frac{\sqrt{3}}{2}$,所以

$$\tan\angle A_2'DO=\frac{A_2'O}{DO}=\frac{2\sqrt{3}}{3},\ \angle A_2'DO=\arctan\frac{2\sqrt{3}}{3}$$

即二面角 $\alpha-A_2A_3-\gamma$ 的大小为 $\arctan\frac{2\sqrt{3}}{3}$.

(3)直线 A_2A_3 与 $A_2'A_3'$ 相交于直线 B_1B_2 上的点 C. 由正六边形的性质易知 $\angle B_2A_3C=60°$, $B_2A_3=\frac{1}{2}$. 所以

$$CA_3=\frac{B_2A_3}{\cos\angle B_2A_3C}=\frac{\frac{1}{2}}{\frac{1}{2}}=1,CA_2=CA_3+A_3A_2=1+1=2$$

同理 $CA_3'=1$, $CA_2'=2$. 又易知 $A_3A_3'=\frac{\sqrt{2}}{2}$. 由此可求得$\triangle CA_3A_3'$的面积为

$$S_1=\frac{1}{2}\times\frac{\sqrt{2}}{2}\times\sqrt{1-\frac{1}{8}}=\frac{\sqrt{7}}{8}$$

由于$\triangle CA_2A_2'\backsim\triangle CA_3A_3'$,并且相似比为2,所以它的面积为 $4S_1$.

四边形 $A_2A_3A_3'A_2'$的面积是$\triangle CA_2A_2'$与$\triangle CA_3A_3'$的面积之差,所以该四边形的面积是$\frac{3\sqrt{7}}{8}$.

16. 解析 (1)解法一:圆 C 的圆心为(0,0),它到直线 $l:y-\sqrt{3}x-2=0$ 的距离为$\frac{2}{\sqrt{1+3}}=1$,所以直线 l 与圆 C 相切.

解法二:联立方程

$$\begin{cases}x^2+y^2=1 & ①\\ y=\sqrt{3}x+2 & ②\end{cases}$$

将式②代入式①得一元二次方程,证明该方程的判别式等于0,从而只有一个根.

(2)由于点 $A_1(x_1,y_1)$ 与点 $A_2(x_2,y_2)$ 都在抛物线 $y=x^2+2$ 上,原点到直线 A_1A_2 的距离等于1,所以$\frac{|x_1x_2-2|}{\sqrt{1+(x_1+x_2)^2}}=1$.

由该式可得

$$1+(x_1+x_2)^2=(x_1x_2-2)^2$$

即

$$6x_1x_2=x_1^2x_2^2-x_1^2-x_2^2+3$$

由题中条件知 $x_1^2\geqslant2$, $x_2^2\geqslant2$,再利用第13题中的结论,即知

$$6x_1x_2=(x_1^2x_2^2-x_1^2-x_2^2)+3\geqslant3>0$$

所以点 A_1 与 A_2 位于 y 轴的同一侧.

17. 解析 (1)设 $q=1-p$,则随机变量 ξ 的分布律如表1所示.

表1

ξ	0	1	2	3	4	5	6	7	8	9	10
P	q	qp	qp^2	qp^3	qp^4	qp^5	qp^6	qp^7	qp^8	qp^9	p^{10}

(2)随机变量ξ的数学期望为

$$E\xi = qp + 2qp^2 + 3qp^3 + 4qp^4 + 5qp^5 + 6qp^6 + 7qp^7 + 8qp^8 + 9qp^9 + 10p^{10} \quad ①$$

故

$$pE\xi = qp^2 + 2qp^3 + 3qp^4 + 4qp^5 + 5qp^6 + 6qp^7 + 7qp^8 + 8qp^9 + 9qp^{10} + 10p^{11} \quad ②$$

① - ②得

$$qE\xi = qp + qp^2 + qp^3 + qp^4 + qp^5 + qp^6 + qp^7 + qp^8 + qp^9 + q \cdot p^{10}$$

故 $E\xi = p + p^2 + p^3 + p^4 + p^5 + p^6 + p^7 + p^8 + p^9 + p^{10} = \dfrac{p - p^{11}}{1 - p}$

18. **解析** (1)我们有

$$f'(x) = 1 - \sqrt{2}\cos\sqrt{2}x = \sqrt{2}\left(\frac{\sqrt{2}}{2} - \cos\sqrt{2}x\right)$$

$$f'\left(\frac{\sqrt{2}\pi}{8}\right) = \sqrt{2}\left(\frac{\sqrt{2}}{2} - \cos\frac{\pi}{4}\right) = 0$$

$$f'\left(\frac{7\sqrt{2}\pi}{8}\right) = \sqrt{2}\left(\frac{\sqrt{2}}{2} - \cos\frac{7\pi}{4}\right) = 0$$

综合余弦函数的增减性,可知$f(x)$的增减性如表2所示.

表2

x	$\left[0,\frac{\sqrt{2}\pi}{8}\right)$	$\left(\frac{\sqrt{2}\pi}{8},\frac{7\sqrt{2}\pi}{8}\right)$	$\left(\frac{7\sqrt{2}\pi}{8},\sqrt{2}\pi\right)$
$f'(x)$	−	+	−
$f(x)$	↘	↗	↘

(2)由(1)知,$f(x)$在$x = \dfrac{\sqrt{2}\pi}{8}$处达到极小值

$$f\left(\frac{\sqrt{2}\pi}{8}\right) = \frac{\sqrt{2}\pi}{8} - \frac{\sqrt{2}}{2} = \frac{\sqrt{2}(\pi - 4)}{8} < 0$$

由于$f(x)$在区间$\left(\dfrac{\sqrt{2}\pi}{8},\dfrac{7\sqrt{2}\pi}{8}\right)$中单调递增,又显然有

$$f(1) = 1 - \sin\sqrt{2} > 0$$

$$f(x) = x - \sin\sqrt{2}x > 0, x > 1$$

而

$$\frac{\sqrt{2}\pi}{8} < 1 < \frac{7\sqrt{2}\pi}{8}$$

所以$f(x)$在区间$[0,\infty)$中的最小值就是

$$f\left(\frac{\sqrt{2}\pi}{8}\right) = \frac{\sqrt{2}(\pi - 4)}{8} < 0$$

(3)由(2)知,对一切$x \geqslant 1$,都有$f(x) = x - \sin\sqrt{2}x > 0$,所以方程$f(x) = 0$在$[1,\infty)$中

没有根. 而由于$f(x)$在区间$\left(\frac{\sqrt{2}\pi}{8},1\right]$中单调递增,$f\left(\frac{\sqrt{2}\pi}{8}\right)=\frac{\sqrt{2}(\pi-4)}{8}<0$,$f(1)>0$,所以$f(x)=0$在区间$\left(\frac{\sqrt{2}\pi}{8},1\right)$中恰有一个根. 由于$f(x)=x-\sin\sqrt{2}x$是奇函数,所以$f(x)=0$在区间$\left(-1,-\frac{\sqrt{2}\pi}{8}\right)$中也恰有一个根,在$(-\infty,-1]$中没有根,又因为$f(0)=0$,所以$f(x)=0$在$\mathbf{R}$中一共有三个根.

刘培杰数学工作室
已出版(即将出版)图书目录——初等数学

书　　名	出版时间	定　价	编号
新编中学数学解题方法全书(高中版)上卷(第2版)	2018－08	58.00	951
新编中学数学解题方法全书(高中版)中卷(第2版)	2018－08	68.00	952
新编中学数学解题方法全书(高中版)下卷(一)(第2版)	2018－08	58.00	953
新编中学数学解题方法全书(高中版)下卷(二)(第2版)	2018－08	58.00	954
新编中学数学解题方法全书(高中版)下卷(三)(第2版)	2018－08	68.00	955
新编中学数学解题方法全书(初中版)上卷	2008－01	28.00	29
新编中学数学解题方法全书(初中版)中卷	2010－07	38.00	75
新编中学数学解题方法全书(高考复习卷)	2010－01	48.00	67
新编中学数学解题方法全书(高考真题卷)	2010－01	38.00	62
新编中学数学解题方法全书(高考精华卷)	2011－03	68.00	118
新编平面解析几何解题方法全书(专题讲座卷)	2010－01	18.00	61
新编中学数学解题方法全书(自主招生卷)	2013－08	88.00	261

数学奥林匹克与数学文化(第一辑)	2006－05	48.00	4
数学奥林匹克与数学文化(第二辑)(竞赛卷)	2008－01	48.00	19
数学奥林匹克与数学文化(第二辑)(文化卷)	2008－07	58.00	36′
数学奥林匹克与数学文化(第三辑)(竞赛卷)	2010－01	48.00	59
数学奥林匹克与数学文化(第四辑)(竞赛卷)	2011－08	58.00	87
数学奥林匹克与数学文化(第五辑)	2015－06	98.00	370

世界著名平面几何经典著作钩沉——几何作图专题卷(共3卷)	2022－01	198.00	1460
世界著名平面几何经典著作钩沉——民国平面几何老课本	2011－03	38.00	113
世界著名平面几何经典著作钩沉——建国初期平面三角老课本	2015－08	38.00	507
世界著名解析几何经典著作钩沉——平面解析几何卷	2014－01	38.00	264
世界著名数论经典著作钩沉——算术卷	2012－01	28.00	125
世界著名数学经典著作钩沉——立体几何卷	2011－02	28.00	88
世界著名三角学经典著作钩沉——平面三角卷Ⅰ	2010－06	28.00	69
世界著名三角学经典著作钩沉——平面三角卷Ⅱ	2011－01	38.00	78
世界著名初等数论经典著作钩沉——理论和实用算术卷	2011－07	38.00	126
世界著名几何经典著作钩沉——解析几何卷	2022－10	68.00	1564

发展你的空间想象力(第3版)	2021－01	98.00	1464
空间想象力进阶	2019－05	68.00	1062
走向国际数学奥林匹克的平面几何试题诠释.第1卷	2019－07	88.00	1043
走向国际数学奥林匹克的平面几何试题诠释.第2卷	2019－09	78.00	1044
走向国际数学奥林匹克的平面几何试题诠释.第3卷	2019－03	78.00	1045
走向国际数学奥林匹克的平面几何试题诠释.第4卷	2019－09	98.00	1046
平面几何证明方法全书	2007－08	48.00	1
平面几何证明方法全书习题解答(第2版)	2006－12	18.00	10
平面几何天天练上卷·基础篇(直线型)	2013－01	58.00	208
平面几何天天练中卷·基础篇(涉及圆)	2013－01	28.00	234
平面几何天天练下卷·提高篇	2013－01	58.00	237
平面几何专题研究	2013－07	98.00	258
平面几何解题之道.第1卷	2022－05	38.00	1494
几何学习题集	2020－10	48.00	1217
通过解题学习代数几何	2021－04	88.00	1301
最新世界各国数学奥林匹克中的平面几何试题	2007－09	38.00	14

刘培杰数学工作室
已出版(即将出版)图书目录——初等数学

书　　名	出版时间	定　价	编号
数学竞赛平面几何典型题及新颖解	2010－07	48.00	74
初等数学复习及研究(平面几何)	2008－09	68.00	38
初等数学复习及研究(立体几何)	2010－06	38.00	71
初等数学复习及研究(平面几何)习题解答	2009－01	58.00	42
几何学教程(平面几何卷)	2011－03	68.00	90
几何学教程(立体几何卷)	2011－07	68.00	130
几何变换与几何证题	2010－06	88.00	70
计算方法与几何证题	2011－06	28.00	129
立体几何技巧与方法(第2版)	2022－10	168.00	1572
几何瑰宝——平面几何500名题暨1500条定理(上、下)	2021－07	168.00	1358
三角形的解法与应用	2012－07	18.00	183
近代的三角形几何学	2012－07	48.00	184
一般折线几何学	2015－08	48.00	503
三角形的五心	2009－06	28.00	51
三角形的六心及其应用	2015－10	68.00	542
三角形趣谈	2012－08	28.00	212
解三角形	2014－01	28.00	265
三角函数	2024－10	38.00	1744
探秘三角形:一次数学旅行	2021－10	68.00	1387
三角学专门教程	2014－09	28.00	387
图天下几何新题试卷.初中(第2版)	2017－11	58.00	855
圆锥曲线习题集(上册)	2013－06	68.00	255
圆锥曲线习题集(中册)	2015－01	78.00	434
圆锥曲线习题集(下册·第1卷)	2016－10	78.00	683
圆锥曲线习题集(下册·第2卷)	2018－01	98.00	853
圆锥曲线习题集(下册·第3卷)	2019－10	128.00	1113
圆锥曲线的思想方法	2021－08	48.00	1379
圆锥曲线的八个主要问题	2021－10	48.00	1415
圆锥曲线的奥秘	2022－06	88.00	1541
论九点圆	2015－05	88.00	645
论圆的几何学	2024－06	48.00	1736
近代欧氏几何学	2012－03	48.00	162
罗巴切夫斯基几何学及几何基础概要	2012－07	28.00	188
罗巴切夫斯基几何学初步	2015－06	28.00	474
用三角、解析几何、复数、向量计算解数学竞赛几何题	2015－03	48.00	455
用解析法研究圆锥曲线的几何理论	2022－05	48.00	1495
美国中学几何教程	2015－04	88.00	458
三线坐标与三角形特征点	2015－04	98.00	460
坐标几何学基础.第1卷,笛卡儿坐标	2021－08	48.00	1398
坐标几何学基础.第2卷,三线坐标	2021－09	28.00	1399
平面解析几何方法与研究(第1卷)	2015－05	28.00	471
平面解析几何方法与研究(第2卷)	2015－06	38.00	472
平面解析几何方法与研究(第3卷)	2015－07	28.00	473
解析几何研究	2015－01	38.00	425
解析几何学教程.上	2016－01	38.00	574
解析几何学教程.下	2016－01	38.00	575
几何学基础	2016－01	58.00	581
初等几何研究	2015－02	58.00	444
十九和二十世纪欧氏几何学中的片段	2017－01	58.00	696
平面几何中考.高考.奥数一本通	2017－07	28.00	820
几何学简史	2017－08	28.00	833
四面体	2018－01	48.00	880
平面几何证明方法思路	2018－12	68.00	913
折纸中的几何练习	2022－09	48.00	1559
中学新几何学(英文)	2022－10	98.00	1562
线性代数与几何	2023－04	68.00	1633
四面体几何学引论	2023－06	68.00	1648

刘培杰数学工作室
已出版(即将出版)图书目录——初等数学

书名	出版时间	定价	编号
平面几何图形特性新析.上篇	2019-01	68.00	911
平面几何图形特性新析.下篇	2018-06	88.00	912
平面几何范例多解探究.上篇	2018-04	48.00	910
平面几何范例多解探究.下篇	2018-12	68.00	914
从分析解题过程学解题:竞赛中的几何问题研究	2018-07	68.00	946
从分析解题过程学解题:竞赛中的向量几何与不等式研究(全2册)	2019-06	138.00	1090
从分析解题过程学解题:竞赛中的不等式问题	2021-01	48.00	1249
二维、三维欧氏几何的对偶原理	2018-12	38.00	990
星形大观及闭折线论	2019-03	68.00	1020
立体几何的问题和方法	2019-11	58.00	1127
三角代换论	2021-05	58.00	1313
俄罗斯平面几何问题集	2009-08	88.00	55
俄罗斯立体几何问题集	2014-03	58.00	283
俄罗斯几何大师——沙雷金论数学及其他	2014-01	48.00	271
来自俄罗斯的5000道几何习题及解答	2011-03	58.00	89
俄罗斯初等数学问题集	2012-05	38.00	177
俄罗斯函数问题集	2011-03	38.00	103
俄罗斯组合分析问题集	2011-01	48.00	79
俄罗斯初等数学万题选——三角卷	2012-11	38.00	222
俄罗斯初等数学万题选——代数卷	2013-08	68.00	225
俄罗斯初等数学万题选——几何卷	2014-01	68.00	226
俄罗斯《量子》杂志数学征解问题100题选	2018-08	48.00	969
俄罗斯《量子》杂志数学征解问题又100题选	2018-08	48.00	970
俄罗斯《量子》杂志数学征解问题	2020-05	48.00	1138
463个俄罗斯几何老问题	2012-01	28.00	152
《量子》数学短文精粹	2018-09	38.00	972
用三角、解析几何等计算解来自俄罗斯的几何题	2019-11	88.00	1119
基谢廖夫平面几何	2022-01	48.00	1461
基谢廖夫立体几何	2023-04	48.00	1599
数学:代数、数学分析和几何(10-11年级)	2021-01	48.00	1250
直观几何学:5—6年级	2022-04	58.00	1508
几何学:第2版.7—9年级	2023-08	68.00	1684
平面几何:9—11年级	2022-10	48.00	1571
立体几何.10—11年级	2022-01	58.00	1472
几何快递	2024-05	48.00	1697
谈谈素数	2011-03	18.00	91
平方和	2011-03	18.00	92
整数论	2011-05	38.00	120
从整数谈起	2015-10	28.00	538
数与多项式	2016-01	38.00	558
谈谈不定方程	2011-05	28.00	119
质数漫谈	2022-07	68.00	1529
解析不等式新论	2009-06	68.00	48
建立不等式的方法	2011-03	98.00	104
数学奥林匹克不等式研究(第2版)	2020-07	68.00	1181
不等式研究(第三辑)	2023-08	198.00	1673
不等式的秘密(第一卷)(第2版)	2014-02	38.00	286
不等式的秘密(第二卷)	2014-01	38.00	268
初等不等式的证明方法	2010-06	38.00	123
初等不等式的证明方法(第二版)	2014-11	38.00	407
不等式・理论・方法(基础卷)	2015-07	38.00	496
不等式・理论・方法(经典不等式卷)	2015-07	38.00	497
不等式・理论・方法(特殊类型不等式卷)	2015-07	48.00	498
不等式探究	2016-03	38.00	582
不等式探秘	2017-01	88.00	689

刘培杰数学工作室
已出版(即将出版)图书目录——初等数学

书　　名	出版时间	定　价	编号
四面体不等式	2017－01	68.00	715
数学奥林匹克中常见重要不等式	2017－09	38.00	845
三正弦不等式	2018－09	98.00	974
函数方程与不等式:解法与稳定性结果	2019－04	68.00	1058
数学不等式.第1卷,对称多项式不等式	2022－05	78.00	1455
数学不等式.第2卷,对称有理不等式与对称无理不等式	2022－05	88.00	1456
数学不等式.第3卷,循环不等式与非循环不等式	2022－05	88.00	1457
数学不等式.第4卷,Jensen不等式的扩展与加细	2022－05	88.00	1458
数学不等式.第5卷,创建不等式与解不等式的其他方法	2022－05	88.00	1459
不定方程及其应用.上	2018－12	58.00	992
不定方程及其应用.中	2019－01	78.00	993
不定方程及其应用.下	2019－02	98.00	994
Nesbitt不等式加强式的研究	2022－06	128.00	1527
最值定理与分析不等式	2023－02	78.00	1567
一类积分不等式	2023－02	88.00	1579
邦费罗尼不等式及概率应用	2023－05	58.00	1637
同余理论	2012－05	38.00	163
[x]与{x}	2015－04	48.00	476
极值与最值.上卷	2015－06	28.00	486
极值与最值.中卷	2015－06	38.00	487
极值与最值.下卷	2015－06	28.00	488
整数的性质	2012－11	38.00	192
完全平方数及其应用	2015－08	78.00	506
多项式理论	2015－10	88.00	541
奇数、偶数、奇偶分析法	2018－01	98.00	876
历届美国中学生数学竞赛试题及解答(第1卷)1950～1954	2014－07	18.00	277
历届美国中学生数学竞赛试题及解答(第2卷)1955～1959	2014－04	18.00	278
历届美国中学生数学竞赛试题及解答(第3卷)1960～1964	2014－06	18.00	279
历届美国中学生数学竞赛试题及解答(第4卷)1965～1969	2014－04	28.00	280
历届美国中学生数学竞赛试题及解答(第5卷)1970～1972	2014－06	18.00	281
历届美国中学生数学竞赛试题及解答(第6卷)1973～1980	2017－07	18.00	768
历届美国中学生数学竞赛试题及解答(第7卷)1981～1986	2015－01	18.00	424
历届美国中学生数学竞赛试题及解答(第8卷)1987～1990	2017－05	18.00	769
历届国际数学奥林匹克试题集	2023－09	158.00	1701
历届中国数学奥林匹克试题集(第3版)	2021－10	58.00	1440
历届加拿大数学奥林匹克试题集	2012－08	38.00	215
历届美国数学奥林匹克试题集	2023－08	98.00	1681
历届波兰数学竞赛试题集.第1卷,1949～1963	2015－03	18.00	453
历届波兰数学竞赛试题集.第2卷,1964～1976	2015－03	18.00	454
历届巴尔干数学奥林匹克试题集	2015－05	38.00	466
历届CGMO试题及解答	2024－03	48.00	1717
保加利亚数学奥林匹克	2014－10	38.00	393
圣彼得堡数学奥林匹克试题集	2015－01	38.00	429
匈牙利奥林匹克数学竞赛题解.第1卷	2016－05	28.00	593
匈牙利奥林匹克数学竞赛题解.第2卷	2016－05	28.00	594
历届美国数学邀请赛试题集(第2版)	2017－10	78.00	851
全美高中数学竞赛:纽约州数学竞赛(1989—1994)	2024－08	48.00	1740
普林斯顿大学数学竞赛	2016－06	38.00	669
亚太地区数学奥林匹克竞赛题	2015－07	18.00	492
日本历届(初级)广中杯数学竞赛试题及解答.第1卷(2000～2007)	2016－05	28.00	641
日本历届(初级)广中杯数学竞赛试题及解答.第2卷(2008～2015)	2016－05	38.00	642
越南数学奥林匹克题选:1962－2009	2021－07	48.00	1370
罗马尼亚大师杯数学竞赛试题及解答	2024－09	48.00	1746
欧洲女子数学奥林匹克	2024－04	48.00	1723
360个数学竞赛问题	2016－08	58.00	677

刘培杰数学工作室
已出版(即将出版)图书目录——初等数学

书　　名	出版时间	定　价	编号
奥数最佳实战题.上卷	2017－06	38.00	760
奥数最佳实战题.下卷	2017－05	58.00	761
解决问题的策略	2024－08	48.00	1742
哈尔滨市早期中学数学竞赛试题汇编	2016－07	28.00	672
全国高中数学联赛试题及解答:1981—2019(第4版)	2020－07	138.00	1176
2024年全国高中数学联合竞赛模拟题集	2024－01	38.00	1702
20世纪50年代全国部分城市数学竞赛试题汇编	2017－07	28.00	797
国内外数学竞赛题及精解:2018—2019	2020－08	45.00	1192
国内外数学竞赛题及精解:2019—2020	2021－11	58.00	1439
许康华竞赛优学精选集.第一辑	2018－08	68.00	949
天问叶班数学问题征解100题.Ⅰ,2016－2018	2019－05	88.00	1075
天问叶班数学问题征解100题.Ⅱ,2017－2019	2020－07	98.00	1177
美国初中数学竞赛:AMC8准备(共6卷)	2019－07	138.00	1089
美国高中数学竞赛:AMC10准备(共6卷)	2019－08	158.00	1105
中国数学奥林匹克国家集训队选拔试题背景研究	2015－01	78.00	1781

高考数学核心题型解题方法与技巧	2010－01	28.00	86
高考数学压轴题解题诀窍(上)(第2版)	2018－01	58.00	874
高考数学压轴题解题诀窍(下)(第2版)	2018－01	48.00	875
突破高考数学新定义创新压轴题	2024－08	88.00	1741
应当这样解答高考题:十年高考真题创新解法集萃	2025－03	98.00	1814
向量法巧解数学高考题	2009－08	28.00	54
高中数学课堂教学的实践与反思	2021－11	48.00	791
数学高考参考	2016－01	78.00	589
新课程标准高考数学解答题各种题型解法指导	2020－08	78.00	1196
全国及各省市高考数学试题审题要津与解法研究	2015－02	48.00	450
高中数学章节起始课的教学研究与案例设计	2019－05	28.00	1064
新课标高考数学——五年试题分章详解(2007～2011)(上、下)	2011－10	78.00	140,141
全国中考数学压轴题审题要津与解法研究	2013－04	78.00	248
新编全国及各省市中考数学压轴题审题要津与解法研究	2014－05	58.00	342
全国及各省市5年中考数学压轴题审题要津与解法研究(2015版)	2015－04	58.00	462
中考数学专题总复习	2007－04	28.00	6
中考数学较难题常考题型解题方法与技巧	2016－09	48.00	681
中考数学难题常考题型解题方法与技巧	2016－09	48.00	682
中考数学中档题常考题型解题方法与技巧	2017－08	68.00	835
中考数学选择填空压轴好题妙解365	2024－01	80.00	1698
中考数学:三类重点考题的解法例析与习题	2020－04	48.00	1140
中小学数学的历史文化	2019－11	48.00	1124
小升初衔接数学	2024－06	68.00	1734
赢在小升初——数学	2024－08	78.00	1739
初中平面几何百题多思创新解	2020－01	58.00	1125
初中数学中考备考	2020－01	58.00	1126
高考数学之九章演义	2019－08	68.00	1044
高考数学之难题谈笑间	2022－06	68.00	1519
化学可以这样学:高中化学知识方法智慧感悟疑难辨析	2019－07	58.00	1103
如何成为学习高手	2019－09	58.00	1107
高考数学:经典真题分类解析	2020－04	78.00	1134
高考数学解答题破解策略	2020－11	58.00	1221
从分析解题过程学解题:高考压轴题与竞赛题之关系探究	2020－08	88.00	1179
从分析解题过程学解题:数学高考与竞赛的互联互通探究	2024－06	88.00	1735
教学新思考:单元整体视角下的初中数学教学设计	2021－03	58.00	1278
思维再拓展:2020年经典几何题的多解探究与思考	即将出版		1279
十年高考数学试题创新与经典研究:基于高中数学大概念的视角	2024－10	58.00	1777
高中数学题型全解(全5册)	2024－10	298.00	1778
中考数学小压轴汇编初讲	2017－07	48.00	788
中考数学大压轴专题微言	2017－09	48.00	846

刘培杰数学工作室
已出版(即将出版)图书目录——初等数学

书　　名	出版时间	定　价	编号
怎么解中考平面几何探索题	2019－06	48.00	1093
北京中考数学压轴题解题方法突破(第10版)	2024－11	88.00	1780
高考数学奇思妙解	2016－04	38.00	610
高考数学解题策略	2016－05	48.00	670
数学解题泄天机(第2版)	2017－10	48.00	850
高中物理教学讲义	2018－01	48.00	871
高中物理教学讲义:全模块	2022－03	98.00	1492
高中物理答疑解惑65篇	2021－11	48.00	1462
中学物理基础问题解析	2020－08	48.00	1183
初中数学、高中数学脱节知识补缺教材	2017－06	48.00	766
高考数学客观题解题方法和技巧	2017－10	38.00	847
十年高考数学精品试题审题要津与解法研究	2021－10	98.00	1427
中国历届高考数学试题及解答.1949－1979	2018－01	38.00	877
历届中国高考数学试题及解答.第二卷,1980—1989	2018－10	28.00	975
历届中国高考数学试题及解答.第三卷,1990—1999	2018－10	48.00	976
跟我学解高中数学题	2018－07	58.00	926
中学数学研究的方法及案例	2018－05	58.00	869
高考数学抢分技能	2018－07	68.00	934
高一新生常用数学方法和重要数学思想提升教材	2018－06	38.00	921
高考数学全国卷六道解答题常考题型解题诀窍:理科(全2册)	2019－07	78.00	1101
高考数学全国卷16道选择、填空题常考题型解题诀窍.理科	2018－09	88.00	971
高考数学全国卷16道选择、填空题常考题型解题诀窍.文科	2020－01	88.00	1123
高中数学一题多解	2019－06	58.00	1087
历届中国高考数学试题及解答:1917－1999	2021－08	118.00	1371
2000～2003年全国及各省市高考数学试题及解答	2022－05	88.00	1499
2004年全国及各省市高考数学试题及解答	2023－08	78.00	1500
2005年全国及各省市高考数学试题及解答	2023－08	78.00	1501
2006年全国及各省市高考数学试题及解答	2023－08	88.00	1502
2007年全国及各省市高考数学试题及解答	2023－08	98.00	1503
2008年全国及各省市高考数学试题及解答	2023－08	88.00	1504
2009年全国及各省市高考数学试题及解答	2023－08	88.00	1505
2010年全国及各省市高考数学试题及解答	2023－08	98.00	1506
2011～2017年全国及各省市高考数学试题及解答	2024－01	78.00	1507
2018～2023年全国及各省市高考数学试题及解答	2024－03	78.00	1709
突破高原:高中数学解题思维探究	2021－08	48.00	1375
高考数学中的"取值范围"	2021－10	48.00	1429
新课程标准高中数学各种题型解法大全.必修一分册	2021－06	58.00	1315
新课程标准高中数学各种题型解法大全.必修二分册	2022－01	68.00	1471
高中数学各种题型解法大全.选择性必修一分册	2022－06	68.00	1525
高中数学各种题型解法大全.选择性必修二分册	2023－01	58.00	1600
高中数学各种题型解法大全.选择性必修三分册	2023－04	48.00	1643
高中数学专题研究	2024－05	88.00	1722
历届全国初中数学竞赛经典试题详解	2023－04	88.00	1624
孟祥礼高考数学精刷精解	2023－06	98.00	1663
新高考数学第二轮复习讲义	2025－01	88.00	1808

新编640个世界著名数学智力趣题	2014－01	88.00	242
500个最新世界著名数学智力趣题	2008－06	48.00	3
400个最新世界著名数学最值问题	2008－09	48.00	36
500个世界著名数学征解问题	2009－06	48.00	52
400个中国最佳初等数学征解老问题	2010－01	48.00	60
500个俄罗斯数学经典老题	2011－01	28.00	81
1000个国外中学物理好题	2012－04	48.00	174
300个日本高考数学题	2012－05	38.00	142
700个早期日本高考数学试题	2017－02	88.00	752

刘培杰数学工作室
已出版(即将出版)图书目录——初等数学

书　　名	出版时间	定　价	编号
500 个前苏联早期高考数学试题及解答	2012－05	28.00	185
546 个早期俄罗斯大学生数学竞赛题	2014－03	38.00	285
548 个来自美苏的数学好问题	2014－11	28.00	396
20 所苏联著名大学早期入学试题	2015－02	18.00	452
161 道德国工科大学生必做的微分方程习题	2015－05	28.00	469
500 个德国工科大学生必做的高数习题	2015－06	28.00	478
360 个数学竞赛问题	2016－08	58.00	677
200 个趣味数学故事	2018－02	48.00	857
470 个数学奥林匹克中的最值问题	2018－10	88.00	985
德国讲义日本考题.微积分卷	2015－04	48.00	456
德国讲义日本考题.微分方程卷	2015－04	38.00	457
二十世纪中叶中、英、美、日、法、俄高考数学试题精选	2017－06	38.00	783
中国初等数学研究　2009 卷(第 1 辑)	2009－05	20.00	45
中国初等数学研究　2010 卷(第 2 辑)	2010－05	30.00	68
中国初等数学研究　2011 卷(第 3 辑)	2011－07	60.00	127
中国初等数学研究　2012 卷(第 4 辑)	2012－07	48.00	190
中国初等数学研究　2014 卷(第 5 辑)	2014－02	48.00	288
中国初等数学研究　2015 卷(第 6 辑)	2015－06	68.00	493
中国初等数学研究　2016 卷(第 7 辑)	2016－04	68.00	609
中国初等数学研究　2017 卷(第 8 辑)	2017－01	98.00	712
初等数学研究在中国.第 1 辑	2019－03	158.00	1024
初等数学研究在中国.第 2 辑	2019－10	158.00	1116
初等数学研究在中国.第 3 辑	2021－05	158.00	1306
初等数学研究在中国.第 4 辑	2022－06	158.00	1520
初等数学研究在中国.第 5 辑	2023－07	158.00	1635
几何变换(Ⅰ)	2014－07	28.00	353
几何变换(Ⅱ)	2015－06	28.00	354
几何变换(Ⅲ)	2015－01	38.00	355
几何变换(Ⅳ)	2015－12	38.00	356
初等数论难题集(第一卷)	2009－05	68.00	44
初等数论难题集(第二卷)(上、下)	2011－02	128.00	82,83
数论概貌	2011－03	18.00	93
代数数论(第二版)	2013－08	58.00	94
代数多项式	2014－06	38.00	289
初等数论的知识与问题	2011－02	28.00	95
超越数论基础	2011－03	28.00	96
数论初等教程	2011－03	28.00	97
数论基础	2011－03	18.00	98
数论基础与维诺格拉多夫	2014－03	18.00	292
解析数论基础	2012－08	28.00	216
解析数论基础(第二版)	2014－01	48.00	287
解析数论问题集(第二版)(原版引进)	2014－05	88.00	343
解析数论问题集(第二版)(中译本)	2016－04	88.00	607
解析数论基础(潘承洞,潘承彪著)	2016－07	98.00	673
解析数论导引	2016－07	58.00	674
数论入门	2011－03	38.00	99
代数数论入门	2015－03	38.00	448

刘培杰数学工作室
已出版(即将出版)图书目录——初等数学

书　　名	出版时间	定　价	编号
数论开篇	2012－07	28.00	194
解析数论引论	2011－03	48.00	100
Barban Davenport Halberstam 均值和	2009－01	40.00	33
基础数论	2011－03	28.00	101
初等数论 100 例	2011－05	18.00	122
初等数论经典例题	2012－07	18.00	204
最新世界各国数学奥林匹克中的初等数论试题(上、下)	2012－01	138.00	144,145
初等数论(Ⅰ)	2012－01	18.00	156
初等数论(Ⅱ)	2012－01	18.00	157
初等数论(Ⅲ)	2012－01	28.00	158
平面几何与数论中未解决的新老问题	2013－01	68.00	229
代数数论简史	2014－11	28.00	408
代数数论	2015－09	88.00	532
代数、数论及分析习题集	2016－11	98.00	695
数论导引提要及习题解答	2016－01	48.00	559
素数定理的初等证明. 第 2 版	2016－09	48.00	686
数论中的模函数与狄利克雷级数(第二版)	2017－11	78.00	837
数论:数学导引	2018－01	68.00	849
范氏大代数	2019－02	98.00	1016
解析数学讲义. 第一卷,导来式及微分、积分、级数	2019－04	88.00	1021
解析数学讲义. 第二卷,关于几何的应用	2019－04	68.00	1022
解析数学讲义. 第三卷,解析函数论	2019－04	78.00	1023
分析·组合·数论纵横谈	2019－04	58.00	1039
Hall 代数:民国时期的中学数学课本:英文	2019－08	88.00	1106
基谢廖夫初等代数	2022－07	38.00	1531
基谢廖夫算术	2024－05	48.00	1725

数学精神巡礼	2019－01	58.00	731
数学眼光透视(第 2 版)	2017－06	78.00	732
数学思想领悟(第 2 版)	2018－01	68.00	733
数学方法溯源(第 2 版)	2018－08	68.00	734
数学解题引论	2017－05	58.00	735
数学史话览胜(第 2 版)	2017－01	48.00	736
数学应用展观(第 2 版)	2017－08	68.00	737
数学建模尝试	2018－04	48.00	738
数学竞赛采风	2018－01	68.00	739
数学测评探营	2019－05	58.00	740
数学技能操握	2018－03	48.00	741
数学欣赏拾趣	2018－02	48.00	742

从毕达哥拉斯到怀尔斯	2007－10	48.00	9
从迪利克雷到维斯卡尔迪	2008－01	48.00	21
从哥德巴赫到陈景润	2008－05	98.00	35
从庞加莱到佩雷尔曼	2011－08	138.00	136

博弈论精粹	2008－03	58.00	30
博弈论精粹. 第二版(精装)	2015－01	88.00	461
数学 我爱你	2008－01	28.00	20
精神的圣徒　别样的人生——60 位中国数学家成长的历程	2008－09	48.00	39
数学史概论	2009－06	78.00	50

刘培杰数学工作室
已出版(即将出版)图书目录——初等数学

书　　名	出版时间	定　价	编号
数学史概论(精装)	2013－03	158.00	272
数学史选讲	2016－01	48.00	544
斐波那契数列	2010－02	28.00	65
数学拼盘和斐波那契魔方	2010－07	38.00	72
斐波那契数列欣赏(第2版)	2018－08	58.00	948
Fibonacci数列中的明珠	2018－06	58.00	928
数学的创造	2011－02	48.00	85
数学美与创造力	2016－01	48.00	595
数海拾贝	2016－01	48.00	590
数学中的美(第2版)	2019－04	68.00	1057
数论中的美学	2014－12	38.00	351
数学王者　科学巨人——高斯	2015－01	28.00	428
振兴祖国数学的圆梦之旅:中国初等数学研究史话	2015－06	98.00	490
二十世纪中国数学史料研究	2015－10	48.00	536
《九章算法比类大全》校注	2024－06	198.00	1695
数字谜、数阵图与棋盘覆盖	2016－01	58.00	298
数学概念的进化:一个初步的研究	2023－07	68.00	1683
数学发现的艺术:数学探索中的合情推理	2016－07	58.00	671
活跃在数学中的参数	2016－07	48.00	675
数海趣史	2021－05	98.00	1314
玩转幻中之幻	2023－08	88.00	1682
数学艺术品	2023－09	98.00	1685
数学博弈与游戏	2023－10	68.00	1692
数学解题——靠数学思想给力(上)	2011－07	38.00	131
数学解题——靠数学思想给力(中)	2011－07	48.00	132
数学解题——靠数学思想给力(下)	2011－07	38.00	133
我怎样解题	2013－01	48.00	227
数学解题中的物理方法	2011－06	28.00	114
数学解题的特殊方法	2011－06	48.00	115
中学数学计算技巧(第2版)	2020－10	48.00	1220
中学数学证明方法	2012－01	58.00	117
数学趣题巧解	2012－03	28.00	128
高中数学教学通鉴	2015－05	58.00	479
和高中生漫谈:数学与哲学的故事	2014－08	28.00	369
算术问题集	2017－03	38.00	789
张教授讲数学	2018－07	38.00	933
陈永明实话实说数学教学	2020－04	68.00	1132
中学数学学科知识与教学能力	2020－06	58.00	1155
怎样把课讲好:大罕数学教学随笔	2022－03	58.00	1484
中国高考评价体系下高考数学探秘	2022－03	48.00	1487
数苑漫步	2024－01	58.00	1670
自主招生考试中的参数方程问题	2015－01	28.00	435
自主招生考试中的极坐标问题	2015－04	28.00	463
近年全国重点大学自主招生数学试题全解及研究.华约卷	2015－02	38.00	441
近年全国重点大学自主招生数学试题全解及研究.北约卷	2016－05	38.00	619
自主招生数学解证宝典	2015－09	48.00	535
中国科学技术大学创新班数学真题解析	2022－03	48.00	1488
中国科学技术大学创新班物理真题解析	2022－03	58.00	1489
格点和面积	2012－07	18.00	191
射影几何趣谈	2012－04	28.00	175
斯潘纳尔引理——从一道加拿大数学奥林匹克试题谈起	2014－01	28.00	228
李普希兹条件——从几道近年高考数学试题谈起	2012－10	18.00	221
拉格朗日中值定理——从一道北京高考试题的解法谈起	2015－10	18.00	197

刘培杰数学工作室
已出版(即将出版)图书目录——初等数学

书　　名	出版时间	定　价	编号
闵科夫斯基定理——从一道清华大学自主招生试题谈起	2014－01	28.00	198
哈尔测度——从一道冬令营试题的背景谈起	2012－08	28.00	202
切比雪夫逼近问题——从一道中国台北数学奥林匹克试题谈起	2013－04	38.00	238
伯恩斯坦多项式与贝齐尔曲面——从一道全国高中数学联赛试题谈起	2013－03	38.00	236
卡塔兰猜想——从一道普特南竞赛试题谈起	2013－06	18.00	256
麦卡锡函数和阿克曼函数——从一道前南斯拉夫数学奥林匹克试题谈起	2012－08	18.00	201
贝蒂定理与拉姆贝克莫斯尔定理——从一个拣石子游戏谈起	2012－08	18.00	217
皮亚诺曲线和豪斯道夫分球定理——从无限集谈起	2012－08	18.00	211
平面凸图形与凸多面体	2012－10	28.00	218
斯坦因豪斯问题——从一道二十五省市自治区中学数学竞赛试题谈起	2012－07	18.00	196
纽结理论中的亚历山大多项式与琼斯多项式——从一道北京市高一数学竞赛试题谈起	2012－07	28.00	195
原则与策略——从波利亚“解题表”谈起	2013－04	38.00	244
转化与化归——从三大尺规作图不能问题谈起	2012－08	28.00	214
代数几何中的贝祖定理(第一版)——从一道 IMO 试题的解法谈起	2013－08	18.00	193
成功连贯理论与约当块理论——从一道比利时数学竞赛试题谈起	2012－04	18.00	180
素数判定与大数分解	2014－08	18.00	199
置换多项式及其应用	2012－10	18.00	220
椭圆函数与模函数——从一道美国加州大学洛杉矶分校(UCLA)博士资格考题谈起	2012－10	28.00	219
差分方程的拉格朗日方法——从一道 2011 年全国高考理科试题的解法谈起	2012－08	28.00	200
力学在几何中的一些应用	2013－01	38.00	240
从根式解到伽罗华理论	2020－01	48.00	1121
康托洛维奇不等式——从一道全国高中联赛试题谈起	2013－03	28.00	337
拉克斯定理和阿廷定理——从一道 IMO 试题的解法谈起	2014－01	58.00	246
毕卡大定理——从一道美国大学数学竞赛试题谈起	2014－07	18.00	350
拉格朗日乘子定理——从一道 2005 年全国高中联赛试题的高等数学解法谈起	2015－05	28.00	480
雅可比定理——从一道日本数学奥林匹克试题谈起	2013－04	48.00	249
李天岩－约克定理——从一道波兰数学竞赛试题谈起	2014－06	28.00	349
受控理论与初等不等式：从一道 IMO 试题的解法谈起	2023－03	48.00	1601
布劳维不动点定理——从一道前苏联数学奥林匹克试题谈起	2014－01	38.00	273
莫德尔－韦伊定理——从一道日本数学奥林匹克试题谈起	2024－10	48.00	1602
斯蒂尔杰斯积分——从一道国际大学生数学竞赛试题的解法谈起	2024－10	68.00	1605
切博塔廖夫猜想——从一道 1978 年全国高中数学竞赛试题谈起	2024－10	38.00	1606
卡西尼卵形线：从一道高中数学期中考试试题谈起	2024－10	48.00	1607
格罗斯问题：亚纯函数的唯一性问题	2024－10	48.00	1608
布格尔问题——从一道第 6 届全国中学生物理竞赛预赛试题谈起	2024－09	68.00	1609
多项式逼近问题——从一道美国大学生数学竞赛试题谈起	2024－10	48.00	1748
中国剩余定理——总数法构建中国历史年表	2015－01	28.00	430
沙可夫斯基定理——从一道韩国数学奥林匹克竞赛试题的解法谈起	2025－01	68.00	1753
斯特林公式——从一道 2023 年高考数学(天津卷)试题的背景谈起	2025－01	28.00	1754
外索夫博弈：从一道瑞士国家队选拔考试试题谈起	2025－03	48.00	1755
分圆多项式——从一道美国国家队选拔考试试题的解法谈起	2025－01	48.00	1786
费马数与广义费马数——从一道 USAMO 试题的解法谈起	2025－01	48.00	1794

刘培杰数学工作室
已出版(即将出版)图书目录——初等数学

书　　名	出版时间	定　价	编号
贝克码与编码理论——从一道全国高中数学联赛二试试题的解法谈起	2025－03	48.00	1751
拉比诺维奇定理	即将出版		
刘维尔定理——从一道《美国数学月刊》征解问题的解法谈起	即将出版		
卡塔兰恒等式与级数求和——从一道 IMO 试题的解法谈起	即将出版		
勒让德猜想与素数分布——从一道爱尔兰竞赛试题谈起	即将出版		
天平称重与信息论——从一道基辅市数学奥林匹克试题谈起	即将出版		
哈密尔顿一凯莱定理:从一道高中数学联赛试题的解法谈起	2014－09	18.00	376
艾思特曼定理——从一道 CMO 试题的解法谈起	即将出版		
阿贝尔恒等式与经典不等式及应用	2018－06	98.00	923
迪利克雷除数问题	2018－07	48.00	930
幻方、幻立方与拉丁方	2019－08	48.00	1092
帕斯卡三角形	2014－03	18.00	294
蒲丰投针问题——从 2009 年清华大学的一道自主招生试题谈起	2014－01	38.00	295
斯图姆定理——从一道“华约”自主招生试题的解法谈起	2014－01	18.00	296
许瓦兹引理——从一道加利福尼亚大学伯克利分校数学系博士生试题谈起	2014－08	18.00	297
拉姆塞定理——从王诗宬院士的一个问题谈起	2016－04	48.00	299
坐标法	2013－12	28.00	332
数论三角形	2014－04	38.00	341
毕克定理	2014－07	18.00	352
数林掠影	2014－09	48.00	389
我们周围的概率	2014－10	38.00	390
凸函数最值定理:从一道华约自主招生题的解法谈起	2014－10	28.00	391
易学与数学奥林匹克	2014－10	38.00	392
生物数学趣谈	2015－01	18.00	409
反演	2015－01	28.00	420
因式分解与圆锥曲线	2015－01	18.00	426
轨迹	2015－01	28.00	427
面积原理:从常庚哲命的一道 CMO 试题的积分解法谈起	2015－01	48.00	431
形形色色的不动点定理:从一道 28 届 IMO 试题谈起	2015－01	38.00	439
柯西函数方程:从一道上海交大自主招生的试题谈起	2015－02	28.00	440
三角恒等式	2015－02	28.00	442
无理性判定:从一道 2014 年“北约”自主招生试题谈起	2015－01	38.00	443
数学归纳法	2015－03	18.00	451
极端原理与解题	2015－04	28.00	464
法雷级数	2014－08	18.00	367
摆线族	2015－01	38.00	438
函数方程及其解法	2015－05	38.00	470
含参数的方程和不等式	2012－09	28.00	213
希尔伯特第十问题	2016－01	38.00	543
无穷小量的求和	2016－01	28.00	545
切比雪夫多项式:从一道清华大学金秋营试题谈起	2016－01	38.00	583
泽肯多夫定理	2016－03	38.00	599
代数等式证题法	2016－01	28.00	600
三角等式证题法	2016－01	28.00	601
吴大任教授藏书中的一个因式分解公式:从一道美国数学邀请赛试题的解法谈起	2016－06	28.00	656
易卦——类万物的数学模型	2017－08	68.00	838
“不可思议”的数与数系可持续发展	2018－01	38.00	878
最短线	2018－01	38.00	879
数学在天文、地理、光学、机械力学中的一些应用	2023－03	88.00	1576
从阿基米德三角形谈起	2023－01	28.00	1578

刘培杰数学工作室
已出版(即将出版)图书目录——初等数学

书　　名	出版时间	定　价	编号
幻方和魔方(第一卷)	2012－05	68.00	173
尘封的经典——初等数学经典文献选读(第一卷)	2012－07	48.00	205
尘封的经典——初等数学经典文献选读(第二卷)	2012－07	38.00	206
初级方程式论	2011－03	28.00	106
初等数学研究(Ⅰ)	2008－09	68.00	37
初等数学研究(Ⅱ)(上、下)	2009－05	118.00	46,47
初等数学专题研究	2022－10	68.00	1568
趣味初等方程妙题集锦	2014－09	48.00	388
趣味初等数论选美与欣赏	2015－02	48.00	445
耕读笔记(上卷):一位农民数学爱好者的初数探索	2015－04	28.00	459
耕读笔记(中卷):一位农民数学爱好者的初数探索	2015－05	28.00	483
耕读笔记(下卷):一位农民数学爱好者的初数探索	2015－05	28.00	484
几何不等式研究与欣赏.上卷	2016－01	88.00	547
几何不等式研究与欣赏.下卷	2016－01	48.00	552
初等数列研究与欣赏・上	2016－01	48.00	570
初等数列研究与欣赏・下	2016－01	48.00	571
趣味初等函数研究与欣赏.上	2016－09	48.00	684
趣味初等函数研究与欣赏.下	2018－09	48.00	685
三角不等式研究与欣赏	2020－10	68.00	1197
新编平面解析几何解题方法研究与欣赏	2021－10	78.00	1426
火柴游戏(第2版)	2022－05	38.00	1493
智力解谜.第1卷	2017－07	38.00	613
智力解谜.第2卷	2017－07	38.00	614
故事智力	2016－07	48.00	615
名人们喜欢的智力问题	2020－01	48.00	616
数学大师的发现、创造与失误	2018－01	48.00	617
异曲同工	2018－09	48.00	618
数学的味道(第2版)	2023－10	68.00	1686
数学千字文	2018－10	68.00	977
数贝偶拾——高考数学题研究	2014－04	28.00	274
数贝偶拾——初等数学研究	2014－04	38.00	275
数贝偶拾——奥数题研究	2014－04	48.00	276
钱昌本教你快乐学数学(上)	2011－12	48.00	155
钱昌本教你快乐学数学(下)	2012－03	58.00	171
集合、函数与方程	2014－01	28.00	300
数列与不等式	2014－01	38.00	301
三角与平面向量	2014－01	28.00	302
平面解析几何	2014－01	38.00	303
立体几何与组合	2014－01	28.00	304
极限与导数、数学归纳法	2014－01	38.00	305
趣味数学	2014－03	28.00	306
教材教法	2014－04	68.00	307
自主招生	2014－05	58.00	308
高考压轴题(上)	2015－01	48.00	309
高考压轴题(下)	2014－10	68.00	310

刘培杰数学工作室
已出版(即将出版)图书目录——初等数学

书　　名	出版时间	定　价	编号
从费马到怀尔斯——费马大定理的历史	2013－10	198.00	Ⅰ
从庞加莱到佩雷尔曼——庞加莱猜想的历史	2013－10	298.00	Ⅱ
从切比雪夫到爱尔特希(上)——素数定理的初等证明	2013－07	48.00	Ⅲ
从切比雪夫到爱尔特希(下)——素数定理 100 年	2012－12	98.00	Ⅲ
从高斯到盖尔方特——二次域的高斯猜想	2013－10	198.00	Ⅳ
从库默尔到朗兰兹——朗兰兹猜想的历史	2014－01	98.00	Ⅴ
从比勃巴赫到德布朗斯——比勃巴赫猜想的历史	2014－02	298.00	Ⅵ
从麦比乌斯到陈省身——麦比乌斯变换与麦比乌斯带	2014－02	298.00	Ⅶ
从布尔到豪斯道夫——布尔方程与格论漫谈	2013－10	198.00	Ⅷ
从开普勒到阿诺德——三体问题的历史	2014－05	298.00	Ⅸ
从华林到华罗庚——华林问题的历史	2013－10	298.00	Ⅹ

美国高中数学竞赛五十讲. 第 1 卷(英文)	2014－08	28.00	357
美国高中数学竞赛五十讲. 第 2 卷(英文)	2014－08	28.00	358
美国高中数学竞赛五十讲. 第 3 卷(英文)	2014－09	28.00	359
美国高中数学竞赛五十讲. 第 4 卷(英文)	2014－09	28.00	360
美国高中数学竞赛五十讲. 第 5 卷(英文)	2014－10	28.00	361
美国高中数学竞赛五十讲. 第 6 卷(英文)	2014－11	28.00	362
美国高中数学竞赛五十讲. 第 7 卷(英文)	2014－12	28.00	363
美国高中数学竞赛五十讲. 第 8 卷(英文)	2015－01	28.00	364
美国高中数学竞赛五十讲. 第 9 卷(英文)	2015－01	28.00	365
美国高中数学竞赛五十讲. 第 10 卷(英文)	2015－02	38.00	366

三角函数(第 2 版)	2017－04	38.00	626
不等式	2014－01	38.00	312
数列	2014－01	38.00	313
方程(第 2 版)	2017－04	38.00	624
排列和组合	2014－01	28.00	315
极限与导数(第 2 版)	2016－04	38.00	635
向量(第 2 版)	2018－08	58.00	627
复数及其应用	2014－08	28.00	318
函数	2014－01	38.00	319
集合	2020－01	48.00	320
直线与平面	2014－01	28.00	321
立体几何(第 2 版)	2016－04	38.00	629
解三角形	即将出版		323
直线与圆(第 2 版)	2016－11	38.00	631
圆锥曲线(第 2 版)	2016－09	48.00	632
解题通法(一)	2014－07	38.00	326
解题通法(二)	2014－07	38.00	327
解题通法(三)	2014－05	38.00	328
概率与统计	2014－01	28.00	329
信息迁移与算法	即将出版		330

刘培杰数学工作室
已出版(即将出版)图书目录——初等数学

书　　名	出版时间	定　价	编号
IMO 50 年. 第 1 卷(1959—1963)	2014—11	28.00	377
IMO 50 年. 第 2 卷(1964—1968)	2014—11	28.00	378
IMO 50 年. 第 3 卷(1969—1973)	2014—09	28.00	379
IMO 50 年. 第 4 卷(1974—1978)	2016—04	38.00	380
IMO 50 年. 第 5 卷(1979—1984)	2015—04	38.00	381
IMO 50 年. 第 6 卷(1985—1989)	2015—04	58.00	382
IMO 50 年. 第 7 卷(1990—1994)	2016—01	48.00	383
IMO 50 年. 第 8 卷(1995—1999)	2016—06	38.00	384
IMO 50 年. 第 9 卷(2000—2004)	2015—04	58.00	385
IMO 50 年. 第 10 卷(2005—2009)	2016—01	48.00	386
IMO 50 年. 第 11 卷(2010—2015)	2017—03	48.00	646
数学反思(2006—2007)	2020—09	88.00	915
数学反思(2008—2009)	2019—01	68.00	917
数学反思(2010—2011)	2018—05	58.00	916
数学反思(2012—2013)	2019—01	58.00	918
数学反思(2014—2015)	2019—03	78.00	919
数学反思(2016—2017)	2021—03	58.00	1286
数学反思(2018—2019)	2023—01	88.00	1593
历届美国大学生数学竞赛试题集. 第一卷(1938—1949)	2015—01	28.00	397
历届美国大学生数学竞赛试题集. 第二卷(1950—1959)	2015—01	28.00	398
历届美国大学生数学竞赛试题集. 第三卷(1960—1969)	2015—01	28.00	399
历届美国大学生数学竞赛试题集. 第四卷(1970—1979)	2015—01	18.00	400
历届美国大学生数学竞赛试题集. 第五卷(1980—1989)	2015—01	28.00	401
历届美国大学生数学竞赛试题集. 第六卷(1990—1999)	2015—01	28.00	402
历届美国大学生数学竞赛试题集. 第七卷(2000—2009)	2015—08	18.00	403
历届美国大学生数学竞赛试题集. 第八卷(2010—2012)	2015—01	18.00	404
新课标高考数学创新题解题诀窍:总论	2014—09	28.00	372
新课标高考数学创新题解题诀窍:必修 1～5 分册	2014—08	38.00	373
新课标高考数学创新题解题诀窍:选修 2—1,2—2,1—1,1—2分册	2014—09	38.00	374
新课标高考数学创新题解题诀窍:选修 2—3,4—4,4—5 分册	2014—09	18.00	375
全国重点大学自主招生英文数学试题全攻略:词汇卷	2015—07	48.00	410
全国重点大学自主招生英文数学试题全攻略:概念卷	2015—01	28.00	411
全国重点大学自主招生英文数学试题全攻略:文章选读卷(上)	2016—09	38.00	412
全国重点大学自主招生英文数学试题全攻略:文章选读卷(下)	2017—01	58.00	413
全国重点大学自主招生英文数学试题全攻略:试题卷	2015—07	38.00	414
全国重点大学自主招生英文数学试题全攻略:名著欣赏卷	2017—03	48.00	415
劳埃德数学趣题大全. 题目卷. 1:英文	2016—01	18.00	516
劳埃德数学趣题大全. 题目卷. 2:英文	2016—01	18.00	517
劳埃德数学趣题大全. 题目卷. 3:英文	2016—01	18.00	518
劳埃德数学趣题大全. 题目卷. 4:英文	2016—01	18.00	519
劳埃德数学趣题大全. 题目卷. 5:英文	2016—01	18.00	520
劳埃德数学趣题大全. 答案卷:英文	2016—01	18.00	521

刘培杰数学工作室
已出版(即将出版)图书目录——初等数学

书　　名	出版时间	定　价	编号
李成章教练奥数笔记.第1卷	2016－01	48.00	522
李成章教练奥数笔记.第2卷	2016－01	48.00	523
李成章教练奥数笔记.第3卷	2016－01	38.00	524
李成章教练奥数笔记.第4卷	2016－01	38.00	525
李成章教练奥数笔记.第5卷	2016－01	38.00	526
李成章教练奥数笔记.第6卷	2016－01	38.00	527
李成章教练奥数笔记.第7卷	2016－01	38.00	528
李成章教练奥数笔记.第8卷	2016－01	48.00	529
李成章教练奥数笔记.第9卷	2016－01	28.00	530
第19～23届"希望杯"全国数学邀请赛试题审题要津详细评注(初一版)	2014－03	28.00	333
第19～23届"希望杯"全国数学邀请赛试题审题要津详细评注(初二、初三版)	2014－03	38.00	334
第19～23届"希望杯"全国数学邀请赛试题审题要津详细评注(高一版)	2014－03	28.00	335
第19～23届"希望杯"全国数学邀请赛试题审题要津详细评注(高二版)	2014－03	38.00	336
第19～25届"希望杯"全国数学邀请赛试题审题要津详细评注(初一版)	2015－01	38.00	416
第19～25届"希望杯"全国数学邀请赛试题审题要津详细评注(初二、初三版)	2015－01	58.00	417
第19～25届"希望杯"全国数学邀请赛试题审题要津详细评注(高一版)	2015－01	48.00	418
第19～25届"希望杯"全国数学邀请赛试题审题要津详细评注(高二版)	2015－01	48.00	419
物理奥林匹克竞赛大题典——力学卷	2014－11	48.00	405
物理奥林匹克竞赛大题典——热学卷	2014－04	28.00	339
物理奥林匹克竞赛大题典——电磁学卷	2015－07	48.00	406
物理奥林匹克竞赛大题典——光学与近代物理卷	2014－06	28.00	345
历届中国东南地区数学奥林匹克试题及解答	2024－06	68.00	1724
历届中国西部地区数学奥林匹克试题集(2001～2012)	2014－07	18.00	347
历届中国女子数学奥林匹克试题集(2002～2012)	2014－08	18.00	348
数学奥林匹克在中国	2014－06	98.00	344
数学奥林匹克问题集	2014－01	38.00	267
数学奥林匹克不等式散论	2010－06	38.00	124
数学奥林匹克不等式欣赏	2011－09	38.00	138
数学奥林匹克超级题库(初中卷上)	2010－01	58.00	66
数学奥林匹克不等式证明方法和技巧(上、下)	2011－08	158.00	134,135
他们学什么:原民主德国中学数学课本	2016－09	38.00	658
他们学什么:英国中学数学课本	2016－09	38.00	659
他们学什么:法国中学数学课本.1	2016－09	38.00	660
他们学什么:法国中学数学课本.2	2016－09	28.00	661
他们学什么:法国中学数学课本.3	2016－09	38.00	662
他们学什么:苏联中学数学课本	2016－09	28.00	679

刘培杰数学工作室
已出版(即将出版)图书目录——初等数学

书 名	出版时间	定 价	编号
高中数学题典——集合与简易逻辑·函数	2016—07	48.00	647
高中数学题典——导数	2016—07	48.00	648
高中数学题典——三角函数·平面向量	2016—07	48.00	649
高中数学题典——数列	2016—07	58.00	650
高中数学题典——不等式·推理与证明	2016—07	38.00	651
高中数学题典——立体几何	2016—07	48.00	652
高中数学题典——平面解析几何	2016—07	78.00	653
高中数学题典——计数原理·统计·概率·复数	2016—07	48.00	654
高中数学题典——算法·平面几何·初等数论·组合数学·其他	2016—07	68.00	655
台湾地区奥林匹克数学竞赛试题.小学一年级	2017—03	38.00	722
台湾地区奥林匹克数学竞赛试题.小学二年级	2017—03	38.00	723
台湾地区奥林匹克数学竞赛试题.小学三年级	2017—03	38.00	724
台湾地区奥林匹克数学竞赛试题.小学四年级	2017—03	38.00	725
台湾地区奥林匹克数学竞赛试题.小学五年级	2017—03	38.00	726
台湾地区奥林匹克数学竞赛试题.小学六年级	2017—03	38.00	727
台湾地区奥林匹克数学竞赛试题.初中一年级	2017—03	38.00	728
台湾地区奥林匹克数学竞赛试题.初中二年级	2017—03	38.00	729
台湾地区奥林匹克数学竞赛试题.初中三年级	2017—03	28.00	730
不等式证题法	2017—04	28.00	747
平面几何培优教程	2019—08	88.00	748
奥数鼎级培优教程.高一分册	2018—09	88.00	749
奥数鼎级培优教程.高二分册.上	2018—04	68.00	750
奥数鼎级培优教程.高二分册.下	2018—04	68.00	751
高中数学竞赛冲刺宝典	2019—04	68.00	883
初中尖子生数学超级题典.实数	2017—07	58.00	792
初中尖子生数学超级题典.式、方程与不等式	2017—08	58.00	793
初中尖子生数学超级题典.圆、面积	2017—08	38.00	794
初中尖子生数学超级题典.函数、逻辑推理	2017—08	48.00	795
初中尖子生数学超级题典.角、线段、三角形与多边形	2017—07	58.00	796
数学王子——高斯	2018—01	48.00	858
坎坷奇星——阿贝尔	2018—01	48.00	859
闪烁奇星——伽罗瓦	2018—01	58.00	860
无穷统帅——康托尔	2018—01	48.00	861
科学公主——柯瓦列夫斯卡娅	2018—01	48.00	862
抽象代数之母——埃米·诺特	2018—01	48.00	863
电脑先驱——图灵	2018—01	58.00	864
昔日神童——维纳	2018—01	48.00	865
数坛怪侠——爱尔特希	2018—01	68.00	866
传奇数学家徐利治	2019—09	88.00	1110

刘培杰数学工作室
已出版(即将出版)图书目录——初等数学

书　　名	出版时间	定　价	编号
当代世界中的数学.数学思想与数学基础	2019—01	38.00	892
当代世界中的数学.数学问题	2019—01	38.00	893
当代世界中的数学.应用数学与数学应用	2019—01	38.00	894
当代世界中的数学.数学王国的新疆域(一)	2019—01	38.00	895
当代世界中的数学.数学王国的新疆域(二)	2019—01	38.00	896
当代世界中的数学.数林撷英(一)	2019—01	38.00	897
当代世界中的数学.数林撷英(二)	2019—01	48.00	898
当代世界中的数学.数学之路	2019—01	38.00	899
105 个代数问题:来自 AwesomeMath 夏季课程	2019—02	58.00	956
106 个几何问题:来自 AwesomeMath 夏季课程	2020—07	58.00	957
107 个几何问题:来自 AwesomeMath 全年课程	2020—07	58.00	958
108 个代数问题:来自 AwesomeMath 全年课程	2019—01	68.00	959
109 个不等式:来自 AwesomeMath 夏季课程	2019—04	58.00	960
110 个几何问题:选自各国数学奥林匹克竞赛	2024—04	58.00	961
111 个代数和数论问题	2019—05	58.00	962
112 个组合问题:来自 AwesomeMath 夏季课程	2019—05	58.00	963
113 个几何不等式:来自 AwesomeMath 夏季课程	2020—08	58.00	964
114 个指数和对数问题:来自 AwesomeMath 夏季课程	2019—09	48.00	965
115 个三角问题:来自 AwesomeMath 夏季课程	2019—09	58.00	966
116 个代数不等式:来自 AwesomeMath 全年课程	2019—04	58.00	967
117 个多项式问题:来自 AwesomeMath 夏季课程	2021—09	58.00	1409
118 个数学竞赛不等式	2022—08	78.00	1526
119 个三角问题	2024—05	58.00	1726
119 个三角问题	2024—05	58.00	1726
紫色彗星国际数学竞赛试题	2019—02	58.00	999
数学竞赛中的数学:为数学爱好者、父母、教师和教练准备的丰富资源.第一部	2020—04	58.00	1141
数学竞赛中的数学:为数学爱好者、父母、教师和教练准备的丰富资源.第二部	2020—07	48.00	1142
和与积	2020—10	38.00	1219
数论:概念和问题	2020—12	68.00	1257
初等数学问题研究	2021—03	48.00	1270
数学奥林匹克中的欧几里得几何	2021—10	68.00	1413
数学奥林匹克题解新编	2022—01	58.00	1430
图论入门	2022—09	58.00	1554
新的、更新的、最新的不等式	2023—07	58.00	1650
几何不等式相关问题	2024—04	58.00	1721
数学归纳法——一种高效而简捷的证明方法	2024—06	48.00	1738
数学竞赛中奇妙的多项式	2024—01	78.00	1646
120 个奇妙的代数问题及 20 个奖励问题	2024—04	48.00	1647
几何不等式相关问题	2024—04	58.00	1721
数学竞赛中的十个代数主题	2024—10	58.00	1745
AwesomeMath 入学测试题:前九年:2006—2014	2024—11	38.00	1644
AwesomeMath 入学测试题:接下来的七年:2015—2021	2024—12	48.00	1782
奥林匹克几何入门	2025—01	48.00	1796
数学太空漫游:21 世纪的立体几何	2025—01	68.00	1810
数学奥林匹克竞赛中的几何引理	2025—04	48.00	1815

刘培杰数学工作室
已出版(即将出版)图书目录——初等数学

书　　名	出版时间	定　价	编号
澳大利亚中学数学竞赛试题及解答(初级卷)1978～1984	2019－02	28.00	1002
澳大利亚中学数学竞赛试题及解答(初级卷)1985～1991	2019－02	28.00	1003
澳大利亚中学数学竞赛试题及解答(初级卷)1992～1998	2019－02	28.00	1004
澳大利亚中学数学竞赛试题及解答(初级卷)1999～2005	2019－02	28.00	1005
澳大利亚中学数学竞赛试题及解答(中级卷)1978～1984	2019－03	28.00	1006
澳大利亚中学数学竞赛试题及解答(中级卷)1985～1991	2019－03	28.00	1007
澳大利亚中学数学竞赛试题及解答(中级卷)1992～1998	2019－03	28.00	1008
澳大利亚中学数学竞赛试题及解答(中级卷)1999～2005	2019－03	28.00	1009
澳大利亚中学数学竞赛试题及解答(高级卷)1978～1984	2019－05	28.00	1010
澳大利亚中学数学竞赛试题及解答(高级卷)1985～1991	2019－05	28.00	1011
澳大利亚中学数学竞赛试题及解答(高级卷)1992～1998	2019－05	28.00	1012
澳大利亚中学数学竞赛试题及解答(高级卷)1999～2005	2019－05	28.00	1013

天才中小学生智力测验题.第一卷	2019－03	38.00	1026
天才中小学生智力测验题.第二卷	2019－03	38.00	1027
天才中小学生智力测验题.第三卷	2019－03	38.00	1028
天才中小学生智力测验题.第四卷	2019－03	38.00	1029
天才中小学生智力测验题.第五卷	2019－03	38.00	1030
天才中小学生智力测验题.第六卷	2019－03	38.00	1031
天才中小学生智力测验题.第七卷	2019－03	38.00	1032
天才中小学生智力测验题.第八卷	2019－03	38.00	1033
天才中小学生智力测验题.第九卷	2019－03	38.00	1034
天才中小学生智力测验题.第十卷	2019－03	38.00	1035
天才中小学生智力测验题.第十一卷	2019－03	38.00	1036
天才中小学生智力测验题.第十二卷	2019－03	38.00	1037
天才中小学生智力测验题.第十三卷	2019－03	38.00	1038

重点大学自主招生数学备考全书:函数	2020－05	48.00	1047
重点大学自主招生数学备考全书:导数	2020－08	48.00	1048
重点大学自主招生数学备考全书:数列与不等式	2019－10	78.00	1049
重点大学自主招生数学备考全书:三角函数与平面向量	2020－08	68.00	1050
重点大学自主招生数学备考全书:平面解析几何	2020－07	58.00	1051
重点大学自主招生数学备考全书:立体几何与平面几何	2019－08	48.00	1052
重点大学自主招生数学备考全书:排列组合·概率统计·复数	2019－09	48.00	1053
重点大学自主招生数学备考全书:初等数论与组合数学	2019－08	48.00	1054
重点大学自主招生数学备考全书:重点大学自主招生真题.上	2019－04	68.00	1055
重点大学自主招生数学备考全书:重点大学自主招生真题.下	2019－04	58.00	1056

高中数学竞赛培训教程:平面几何问题的求解方法与策略.上	2018－05	68.00	906
高中数学竞赛培训教程:平面几何问题的求解方法与策略.下	2018－06	78.00	907
高中数学竞赛培训教程:整除与同余以及不定方程	2018－01	88.00	908
高中数学竞赛培训教程:组合计数与组合极值	2018－04	48.00	909
高中数学竞赛培训教程:初等代数	2019－04	78.00	1042
高中数学讲座:数学竞赛基础教程(第一册)	2019－06	48.00	1094
高中数学讲座:数学竞赛基础教程(第二册)	即将出版		1095
高中数学讲座:数学竞赛基础教程(第三册)	即将出版		1096
高中数学讲座:数学竞赛基础教程(第四册)	即将出版		1097

刘培杰数学工作室
已出版(即将出版)图书目录——初等数学

书　　名	出版时间	定　价	编号
新编中学数学解题方法 1000 招丛书. 实数(初中版)	2022—05	58.00	1291
新编中学数学解题方法 1000 招丛书. 式(初中版)	2022—05	48.00	1292
新编中学数学解题方法 1000 招丛书. 方程与不等式(初中版)	2021—04	58.00	1293
新编中学数学解题方法 1000 招丛书. 函数(初中版)	2022—05	38.00	1294
新编中学数学解题方法 1000 招丛书. 角(初中版)	2022—05	48.00	1295
新编中学数学解题方法 1000 招丛书. 线段(初中版)	2022—05	48.00	1296
新编中学数学解题方法 1000 招丛书. 三角形与多边形(初中版)	2021—04	48.00	1297
新编中学数学解题方法 1000 招丛书. 圆(初中版)	2022—05	48.00	1298
新编中学数学解题方法 1000 招丛书. 面积(初中版)	2021—07	28.00	1299
新编中学数学解题方法 1000 招丛书. 逻辑推理(初中版)	2022—06	48.00	1300

高中数学题典精编. 第一辑. 函数	2022—01	58.00	1444
高中数学题典精编. 第一辑. 导数	2022—01	68.00	1445
高中数学题典精编. 第一辑. 三角函数·平面向量	2022—01	68.00	1446
高中数学题典精编. 第一辑. 数列	2022—01	58.00	1447
高中数学题典精编. 第一辑. 不等式·推理与证明	2022—01	58.00	1448
高中数学题典精编. 第一辑. 立体几何	2022—01	58.00	1449
高中数学题典精编. 第一辑. 平面解析几何	2022—01	68.00	1450
高中数学题典精编. 第一辑. 统计·概率·平面几何	2022—01	58.00	1451
高中数学题典精编. 第一辑. 初等数论·组合数学·数学文化·解题方法	2022—01	58.00	1452

历届全国初中数学竞赛试题分类解析. 初等代数	2022—09	98.00	1555
历届全国初中数学竞赛试题分类解析. 初等数论	2022—09	48.00	1556
历届全国初中数学竞赛试题分类解析. 平面几何	2022—09	38.00	1557
历届全国初中数学竞赛试题分类解析. 组合	2022—09	38.00	1558

从三道高三数学模拟题的背景谈起:兼谈傅里叶三角级数	2023—03	48.00	1651
从一道日本东京大学的入学试题谈起:兼谈 π 的方方面面	2025—01	68.00	1652
从两道 2021 年福建高三数学测试题谈起:兼谈球面几何学与球面三角学	2025—01	58.00	1653
从一道湖南高考数学试题谈起:兼谈有界变差数列	2024—01	48.00	1654
从一道高校自主招生试题谈起:兼谈詹森函数方程	即将出版		1655
从一道上海高考数学试题谈起:兼谈有界变差函数	即将出版		1656
从一道北京大学金秋营数学试题的解法谈起:兼谈伽罗瓦理论	2024—10	38.00	1657
从一道北京高考数学试题的解法谈起:兼谈毕克定理	即将出版		1658
从一道北京大学金秋营数学试题的解法谈起:兼谈帕塞瓦尔恒等式	2024—10	68.00	1659
从一道高三数学模拟测试题的背景谈起:兼谈等周问题与等周不等式	即将出版		1660
从一道 2020 年全国高考数学试题的解法谈起:兼谈斐波那契数列和纳卡穆拉定理及奥斯图达定理	即将出版		1661
从一道高考数学附加题谈起:兼谈广义斐波那契数列	2025—01	68.00	1662

刘培杰数学工作室
已出版(即将出版)图书目录——初等数学

书　　名	出版时间	定　价	编号
从一道普通高中学业水平考试中数学卷的压轴题谈起——兼谈最佳逼近理论	2024－10	58.00	1759
从一道高考数学试题谈起——兼谈李普希兹条件	即将出版		1760
从一道北京市朝阳区高二期末数学考试题的解法谈起——兼谈希尔宾斯基垫片和分形几何	即将出版		1761
从一道高考数学试题谈起——兼谈巴拿赫压缩不动点定理	即将出版		1762
从一道中国台湾地区高考数学试题谈起——兼谈费马数与计算数论	即将出版		1763
从 2022 年全国高考数学压轴题的解法谈起——兼谈数值计算中的帕德逼近	2024－10	48.00	1764
从一道清华大学 2022 年强基计划数学测试题的解法谈起——兼谈拉马努金恒等式	即将出版		1765
从一篇有关数学建模的讲义谈起——兼谈信息熵与信息论	即将出版		1766
从一道清华大学自主招生的数学试题谈起——兼谈格点与闵可夫斯基定理	即将出版		1767
从一道 1979 年高考数学试题谈起——兼谈勾股定理和毕达哥拉斯定理	即将出版		1768
从一道 2020 年北京大学"强基计划"数学试题谈起——兼谈微分几何中的包络问题	即将出版		1769
从一道高考数学试题谈起——兼谈香农的信息理论	即将出版		1770

代数学教程.第一卷,集合论	2023－08	58.00	1664
代数学教程.第二卷,抽象代数基础	2023－08	68.00	1665
代数学教程.第三卷,数论原理	2023－08	58.00	1666
代数学教程.第四卷,代数方程式论	2023－08	48.00	1667
代数学教程.第五卷,多项式理论	2023－08	58.00	1668
代数学教程.第六卷,线性代数原理	2024－06	98.00	1669

中考数学培优教程——二次函数卷	2024－05	78.00	1718
中考数学培优教程——平面几何最值卷	2024－05	58.00	1719
中考数学培优教程——专题讲座卷	2024－05	58.00	1720

联系地址:哈尔滨市南岗区复华四道街 10 号　哈尔滨工业大学出版社刘培杰数学工作室
邮　　编:150006
联系电话:0451－86281378　　13904613167
E-mail:lpj1378@163.com